Gérard d'Aboville
Allein

SERIE PIPER
Band 1905

Zu diesem Buch

In Frankreich wurde er zu einem gefeierten Helden, weil ihm gelang, was kaum einer für möglich gehalten hatte: die Überquerung des Pazifiks in einem Ruderboot. Freilich ist es eine Spezialkonstruktion, aber trotzdem ist das Wagnis groß genug, als Gérard d'Aboville im Sommer '91 von Japan aus sein Unternehmen startet. Allein auf die Kraft seiner Arme angewiesen, nimmt er die viertausend Seemeilen in Angriff – und bezwingt sie schließlich, trotz Stürmen, meterhohen Wellen und mehreren Kenterungen.

Gérard d'Aboville, geboren 1945, ist einer der bekanntesten Abenteurer Frankreichs. Er hat bereits 1980 den Atlantik im Ruderboot überquert.

Gérard d'Aboville

ALLEIN
Im Ruderboot über den Pazifik

Aus dem Französischen
von Wolfgang Ferdinand Müller

Piper
München Zürich

SERIE PIPER
ABENTEUER
Herausgegeben von Harald Eggebrecht

Die Originalausgabe erschien 1992 unter dem Titel
»Seul« bei Éditions Robert Laffont, Paris.

ISBN 3-492-11905-0
Deutsche Erstausgabe
August 1994
© Éditions Robert Laffont, Paris 1992
Deutsche Ausgabe:
© R. Piper GmbH & Co. KG, München 1994
Umschlag: Federico Luci
Foto: Gérard d'Aboville
Gesamtherstellung: Clausen & Bosse, Leck
Printed in Germany

Inhalt

Der Mensch ist dasjenige Lebewesen, das sich am leichtesten von allen an das extremste Klima wie auch an die ausgefallensten Lebensbedingungen sonstiger Art anpaßt.

Ich möchte diesem Wort Henry de Monfreids hinzufügen, daß der Mensch sein Anpassungsvermögen einer Gabe verdankt, die nur ihm zu eigen ist: der Fähigkeit zu träumen und zu hoffen.

Dieses Buch widme ich allen Menschen, denen meine Pazifiküberquerung wieder ein Stück Hoffnung gegeben hat.

Man sagt ja, daß auch die schlimmsten Erinnerungen im Laufe der Zeit zu guten Erinnerungen werden. Aber diese da wird nichts ändern, sie werden immer schrecklich bleiben.

Diese Kenterungen werde ich niemals vergessen. Vor allem die eine nicht, wo das Boot über Kopf ging und ich – ein einziges Nervenbündel, gegen das Schott katapultiert – in der Erwartung des vernichtenden Schlags, der alles zertrümmern würde, diesen tierischen Schrei losließ.

Ich werde auch nie die vielen Male vergessen, da ich um mein Leben kämpfte, mit nachlassender Kraft und dem Geschmack des Salzwassers in den Lungen. Dem Geschmack des Todes.

Und immer allein, allein, allein.

1.

Ein großes Bündel Träume unterm Arm

Ich stöbere furchtbar gern auf Abwrackwerften herum. Denn dort finde ich als Erwachsener den geheimnisvollen Zauber wieder, der mich auf dem Dachboden meiner Kindheit gefangennahm und sich nun mit der Faszination der Schiffe, dem Objekt meiner neuen Leidenschaft, vereint.

Diese alten Laufgangtüren aus Teak, zum Beispiel, erinnern mich an die Einrichtung des betagten Frachters, der mich auf die Weltreise mitnahm, die mir zum Abschied von meiner Jugend wurde. Diese klobigen Bullaugen aus Bronze und dickem Glas mit ihren ungeheuren Scharnieren erzählen mir von den Zyklonen des Indischen Ozeans und all den Monsterseen, denen sie einst die Stirn boten. Und um jenen schlanken, hohen Schornstein herum, der zu seiner Zeit wohl den dicken, schwarzen Rauch eines alten *chafuste* ausspie, baue ich mir Stück um Stück einen der robusten Fischdampfer wieder auf, die zu Beginn des Jahrhunderts die Nordsee durchpflügten.

In genau solch einer Szenerie, in der Nähe von Anvers, merkte ich eines schönen Tages im Jahre 1984, wie mein Blick von einem vergilbten Foto angezogen wurde, das auf einem Stapel alter Matratzen lag und eine Schiffsbesatzung zeigte, die samt ihrem tropenhelmbewehrten Kapitän stolz vor der Brücke eines Bananendampfers posierte.

Zwischen zwei Strohsäcken entdeckte ich ein Bündel Seekarten und *Pilot charts*, die schon vor langer Zeit ausgemustert worden waren und nur noch auf ihre Wiedergeburt als Recyclingpapier hoffen konnten – wenn ihnen die Mäuse nicht schon vorher den Garaus machten.

Pilot Charts sind große nautische Karten mit einem speziellen Aufdruck, der für ein großräumiges Seegebiet genaue statistische Angaben zu den mittleren Wind- und Stromverhältnissen, den normalen Zugbahnen der Stürme und Taifune sowie einigen anderen Wetterlaunen macht. Es gibt jeweils eine Karte für jeden Monat des Jahres [daher auch ihr deutscher Name »Monatskarte«]. Nach gründlicher Suche hatte ich bald den ganzen, zwölfteiligen Satz für den Nordpazifik zusammen und fuhr dann, mit diesem großen Bündel Träume unterm Arm, wieder nach Paris zurück.

Ganz sicher hatte ich damals noch nicht vor, eines Tages über den Pazifik zu rudern bzw. zu pullen, wie das auf dem Meer heißt. Vier Jahre früher hatte ich all mein Können und meine Kraft in die Waagschale geworfen, um die große Herausforderung zu bestehen, mit dem Ruderboot den Atlantik zu überqueren. Am Ende dieser zweiundsiebzig Tage dauernden Bewährungsprobe hatte ich geglaubt, damit meine Leistungsgrenze erreicht und – bei immerhin fünf Kenterungen – mein Glück zur Genüge auf die Probe gestellt zu haben.

Trotzdem versenkte ich mich immer wieder in das Studium dieser Karten, zuerst aus einem Gefühl der Neugierde – ich spielte einfach mit dem Feuer –, aber bald wie unter einem verhängnisvollen Zwang: Wenn man es denn machen müßte, würde ich es so und nicht anders anpacken...

Wer über einen Ozean rudern will, muß die vorherrschenden Winde und die meist mit ihnen verbundenen Oberflächenströmungen berücksichtigen. Es ist ganz und gar unmöglich, mit einem schwer beladenen Ruderboot gegen den Wind und die Gewalt des Meeres zu obsiegen. Bei einer solchen Überquerung kommt es also vor allem auf die Wahl des Startpunkts und der Route an.

Die längste, aber auch »bequemste« Route ginge, wie die einer kleinen Segelyacht, von Ost nach West und würde in

Kalifornien oder Mexiko beginnen und so schnell wie möglich den Passatgürtel mit seinen recht beständigen, günstigen Winden, seinen seltenen Stürmen und seinem angenehmen Klima zu erreichen trachten.

Diese Route hatte 1982 der Engländer Peter Bird gewählt und auch bewältigt, der in zehn Monaten von San Francisco bis nach Australien ruderte. Aber meine Idee, die jetzt nach und nach Gestalt annahm, bestand darin, ähnlich wie auf dem Atlantik, eine West-Ost-Überquerung zu wagen, und zwar in nördlichen Breitengraden. Die zahlreichen Tiefs und häufigen Stürme, die dort durchziehen, stellten eine Fahrt in Aussicht, die zweifellos schneller, aber auch um einiges aufregender und gefährlicher werden dürfte. Sie wäre für den Ruderer sozusagen das, was für den Bergsteiger eine Nordwand ist.

Die Jahre vergehen. Ich bin wieder unter die Segler gegangen, überquere mit einem winzigen Sportkatamaran das Chinesische Meer und veranstalte in philippinischen Gewässern, die sich mir als das größte Seglerparadies der Welt enthüllen, Katamaran-Regatten, wobei mein Abenteuer diesmal darin besteht, den organisatorischen Rahmen dieses Wettsegelns und die Logistik für zweihundert Menschen zu sichern, die drei Wochen lang ganz auf sich gestellt sind.

Während all dieser Zeit wartet auf dem höchsten Regal meines Büros, in fast unerreichbarer Höhe, jenes Kartenbündel auf seine Stunde.

1990: das Alter, der Verschleiß, der Beruf, unheilvolle Verbindungen, ein Gefühl von Überdruß. Ich spüre noch ganz undeutlich, daß ich dringend einmal meinen Kopf auslüften, mich wiederfinden, einen wirklichen Kampf kämpfen muß. Einen Kampf, bei dem ich alles einbringe, was ich an Mut, Kühnheit und Zähigkeit besitze, meine gesamte Erfahrung und all mein Gespür für das Meer. Einen Kampf, bei dem

11

ich mich mit Leib und Seele engagiere, der sich um die wahren Werte des Lebens dreht und dessen Erfolg von mir ganz allein abhängen würde.

Das Kartenbündel liegt auf meinem Tisch.

Bis zum Herbst 1990 habe ich noch mit keiner Menschenseele über das Projekt einer Pazifiküberquerung gesprochen. Aber die Idee steht im Raum. In meinen Mußestunden zeichne ich die ersten Linienrisse eines Bootes. Mein Freund Louis-Noël erzählt mir von der Schweizer Sportuhrenfirma *Sector*, deren Werbebotschaft auf dem Thema »Herausforderung und Grenzüberschreitung« basiert: *No limits*.

Die Unternehmensleitung interessiere sich für spektakuläre individuelle Leistungen und Ereignisse von internationaler Bedeutung, die ihr *No-limits*-Konzept illustrieren könnten. Sector sei bereits auf dem japanischen und amerikanischen Markt präsent und setze nun alles daran, auch in Frankreich Fuß zu fassen. Diese Firma ist ja wie für mich geschaffen!

Aber lassen wir das Träumen: Angefangen bei meiner Atlantiküberquerung über eine Rallye Paris-Dakar und verschiedene Hochseeregatten bis zu den Segeltouren im Chinesischen Meer – wie oft habe ich nicht schon gemeint, ich hätte den »idealen Sponsor« gefunden, dem ich mit meinem Projekt das ideale PR-Medium bieten könnte. Aber zwischen einer freundlichen Ermunterung, ja dem ernsthaften Interesse, und der Unterzeichnung eines Vertrages liegt eine ganze Welt! Eine Welt, in der mir mein Freund Christophe, ein hervorragender Autofahrer, eine ebenso große Hilfe war wie der heilige Christophorus, der Schutzpatron aller hervorragenden Autofahrer.

Was könnte es harmloseres geben als einen Fiat 500? Dieses Spielzeug von einem Auto, dieser Winzling mit seinen runden Formen, seinem lächerlichen Motor und seinem sympathischen und hoffnungslos altmodischen Aussehen ruft auch beim fanatischsten Fußgänger Nachsicht, bei den anderen Autofahrern amüsierte Herablassung und bei überzeugten Umweltschützern ein gewisses Wohlwollen hervor. Und doch – mit Christophe am Steuer, wird dieses harmlose Gefährt zur Rakete. Wehe dem, der seine Bahn kreuzt! Jeder andere Autofahrer ist ihm ein Konkurrent, jeder Fußgänger ein Ärgernis, jede Kurve eine Herausforderung, jeder Verkehrspolizist ein Feind. Selbst der friedlichste Dorfplatz verwandelt sich ihm in ein Universum, das bar jeden Mitleids und menschlichen Gefühls ist.

Aber der unangenehmste Part wird Christophes unglückseligem Beifahrer zuteil. Von einer plötzlich feindselig gewordenen Umwelt nur durch ein dünnes Blech getrennt, schrumpft er in sich zusammen und vergräbt sich in seinem Sitz. Er versucht allen rachelüsternen Blicken zu entgehen und sich zugleich auf den unvermeidlichen Zusammenstoß vorzubereiten, indem er sich so klein wie nur möglich macht.

Mit seinen fünfundzwanzig Jahren, seinem Junggesellenlächeln und dem Körperbau eines Holzfällers hat Christophe in puncto Frauen nur die Qual der Wahl, wobei es ganz so aussieht, als ob er sich diese Qual noch möglichst lange erhalten möchte. Wenn eine seiner Auserwählten ihm einmal allzu besitzergreifend wird, genügt meist eine Tour mit *La Pustule*, dem Eiterbläschen – wie seine Rakete heißt –, über den Place de L'Étoile, um ihr den Kopf wieder zurechtzurücken. Dann kommt die Unglückliche schnell zu dem Schluß, daß ein Leben ohne Christophe dem sicheren Tod wohl vorzuziehen sei, und hat es plötzlich sehr eilig, zu ihrer Mutter nach Hause zu fahren – und zwar mit der Métro.

Aber lassen wir sein Privatleben einmal beiseite – es gäbe genug Stoff für ein anderes Buch her, dessen Titel allerdings nicht *Allein* lauten würde – und befassen wir uns lieber mit dem Berufsleben dieses Herzensbrechers und Kamikazefahrers.

Christophe hat mit mir zusammen jene Segelregatta im Chinesischen Meer organisiert. Und mit mir zusammen war er danach auch arbeitslos geworden.

Ich hatte ihm vom Pazifik erzählt. Das Projekt hatte ihn begeistert. Anders als bei meiner Atlantiküberquerung wollte ich dieses Mal ein Unternehmen auf die Beine stellen, das nichts unberücksichtigt ließ, und einem eventuellen Sponsor einen kompletten PR-Plan vorschlagen, den ich selbst oder zumindest eine von mir geführte Mannschaft durchführen würde. Ich brauchte also jemanden, der in der Lage war, in meiner Abwesenheit die notwendigen Entscheidungen zu treffen und alle Krisensituationen zu bewältigen – es wäre ja beispielsweise möglich, daß ich einmal wochenlang keine Nachricht von mir geben könnte –, vor allem aber jemanden, dem ich uneingeschränkt vertrauen konnte. Daß ich dafür Christophe auswählte, habe ich nie bereut, schon allein wegen seiner immer wachen Intelligenz und seinem unerschütterlichen Humor, die uns halfen, all die schwierigen Phasen gemeinsam zu durchstehen, die meinem Aufbruch vorausgehen sollten.

Ich gebe auch zu, daß mir manchmal, wenn ich mit ihm in seiner Rakete durch Paris kurvte, der zwar unlogische, aber nichtsdestoweniger beruhigende Gedanke kam, mir könne draußen auf dem Meer wirklich nichts passieren, solange mir das Schicksal bis zu meiner Abfahrt gnädig war.

Christophe und ich bekommen einen Termin für ein erstes Gespräch mit den führenden Leuten von Sector, die uns in ihrem Büro in Lausanne erwarten. Unser Zug fährt früh am Morgen. Bei strömendem Regen rasen wir mit dem Motorrad zum Bahnhof. Im Abteil bleibt uns dann keine andere Wahl, als uns bis auf die Unterhosen auszuziehen, um unsere Kleider zu trocknen. An der Schweizer Grenze Ausweiskontrolle. Jetzt erst entdecke ich, daß ich bei unserem überstürzten Aufbruch meinen Paß vergessen habe! In meiner Verzweiflung zeige ich dem schweizerischen Zollbeamten eine alte Ausgabe des *Paris Match* mit einem, Gott sei dank, reich bebilderten Bericht über meine Atlantiküberquerung. Der Zöllner stellt fest, daß er denselben, nun allerdings um einige Kopfhaare ärmer gewordenen Mann vor sich hat, und murmelt, als er seinen Stempel auf das Magazin drückt: »In Ordnung, aber ein *Paris Match* ist doch um einiges unpraktischer zum Mitnehmen als ein Paß.«

Guter Kontakt mit Sector, das Projekt scheint ihnen zu gefallen. Es sieht ganz so aus, als ob wir auf dem richtigen Weg wären.

Man macht sich oft eine völlig falsche Vorstellung vom Sportsponsoring. So ein Projekt kostet viel Geld. Gerade die scheinbar verrücktesten Vorhaben erfordern zu ihrer Realisierung die größte Disziplin und Umsicht, die sorgfältigste Vorbereitung und ein kompetentes Team – und damit auch ein entsprechendes Budget.

Wer nicht über persönliche Reichtümer verfügen kann, ist auf Sponsoren angewiesen, wenn ein solches Unternehmen je das Licht der Welt erblicken soll.

Der Sponsor kann zwischen zwei Arten von Werbeaktivitäten wählen (die sich selbstverständlich auch kombinieren lassen): zwischen einer »traditionellen« Produktwerbung, die mit Plakaten, Fernsehspots und ähnlichem arbeitet, und der Anbindung an ein spektakuläres, häufig im Sport- oder Abenteuerbereich angesiedeltes Projekt einer Einzelperson oder einer Equipe.

Im ersten Fall ist der Erfolg zum Teil vorhersehbar, also kalkulierbar. Im zweiten aber kommen subjektive Momente ins Spiel, wie der persönliche Sympathiewert, der Grad der Harmonie zwischen dem jeweiligen Image der beiden »Unternehmen« (Firma und Projekt) und vor allem das Risiko, daß sich der brillante Sportler ja auch als Versager erweisen könnte. Nachdem die Firma die zahlreichen Anknüpfungspunkte meines Abenteuers für ihre Strategie festgestellt hatte (die Achse Japan-USA-Frankreich; die Uhr als grundlegendes Navigationsinstrument; die Uhr, die Wind und Wetter trotzt und selbst unter härtesten Bedingungen noch funktioniert...), mußte sie nur noch die Risiken abwägen – und auf meinen Erfolg setzen. Ein Einsatz, der sich unter diesen Voraussetzungen mehr als bezahlt machen müßte!

Dossier, Diskussion, Dossierergänzungen, Vertragsentwurf und – der Golfkrieg, der alle Werbeaktivitäten mit einem Schlage zum Erliegen bringt. In solch einer Konstellation braucht ein Sponsor, wer immer es sei, mehr als nur Optimismus, um sich auf ein derartiges Abenteuer einzulassen. Daß man sich selbst ein so ehrgeiziges Unternehmen zutraut, ist schon kühn genüg; es grenzt aber an Tollkühnheit, dabei auf einen Unbekannten zu setzen, und das in einem Bereich, der einem völlig fremd ist.

Dennoch wird der Vertrag schließlich unterzeichnet, der alle meine Bedingungen erfüllt. Ich habe die Alleinverantwortung für den seemännischen Teil des Projekts, die Auswahl der Mannschaft, des Materials und der Werft, die mein Boot konstruiert, sowie für den Starttermin und den zu drehenden Film. Außerdem werden sich unsere Partner – worauf ich anfänglich nur hoffen konnte – sehr diskret verhalten. Alles wird ohne Getöse und Tamtam über die Bühne gehen. Man hätte meinem Boot auch einen weitaus kommerzielleren Namen verpassen können, *Sector Sportwatches* etwa, aber dazu kam es nicht. Dabei wußte damals in Frankreich kein Mensch, daß *Sector* der Name einer Uhrenfabrik war. Natürlich hat die Firma das Ereignis für sich genutzt, um das allgemein bekannt zu machen. Aber auf ihre Weise, mit Noblesse.

Zuerst brauche ich ein Boot, das ganz auf meine Bedürfnisse zugeschnitten ist. Es muß anders sein als alles, was es bisher gab, und ich werde es sicher nicht beim Versandhaus *La Redoute* finden. Bernard Fournier Le Ray, ein langjähriger Freund, wird es für mich bauen.

Mit ihm hatte ich schon mein Boot für die Atlantiküberquerung gebaut. Nach diesen glorreichen Tagen baute er in La Trinité-sur-Mer eine Werft auf, die in meinen Augen die beste ihres Typs darstellt. Bernard ist eine Art Magier der extremen Prototypen. Wenn es um Boote geht, bin ich ein ziemlicher Perfektionist, ja, ein Kleinkrämer, was man mir aber mit Blick auf die Bedingungen verzeihen wird, unter denen ich sie einsetze. Ich mußte meiner Mannschaft, die für die *Sector* verantwortlich sein würde, absolut vertrauen können. Bernard ist äußerst gewissenhaft und hält seine Liefertermine immer ein, eine Seltenheit in diesem Metier. Als ich ihm Ende Dezember 1990 von dem Projekt erzählte, war seine Antwort ein klares Nein; er hatte damals alle Hände voll zu tun. Ich wußte, daß Bernard nicht um jeden Preis seine Auftragsbücher füllen wollte, sondern lieber einen demonstrativen Pessimismus zur Schau stellte, der schon mehr als einen potentiellen Kunden entmutigt hatte. Aber nicht mich: Dazu kannte ich ihn zu gut. Ende Januar versuchte ich es noch einmal. Als er mir antwortete: »Das erscheint mir sehr schwierig«, gab es keinen Zweifel mehr: Ich hatte gewonnen.

Anfang März begann Bernard mit der Arbeit.

Meine Familie wußte erst seit kurzem Bescheid. Cornélia, meine Frau, weiß sehr gut, daß ich diese Art Entscheidungen allein treffe und daß jeder Versuch, mich davon abzubringen, mich in eine unmögliche Situation brächte.

Wenn ich ihr aber schon früher davon erzählt hätte, als noch alles ungewiß war, hätte ich bloß riskiert, sie unnötig zu beunruhigen. Da sie ja schon mit mir zusammen gesegelt ist, und das unter schwierigsten Bedingungen, weiß sie auch ganz genau, was eine solche Ozeanüberquerung bedeutet und daß es mir nie in den Sinn käme, deren Gefahren herunterzuspielen. Als ich ihr sagte, daß die Sache *schwierig* sein würde, war ihr die Bedeutung dieses Worts sehr wohl bewußt.

Cornélia zeigte keine der negativen Reaktionen, die man sich bei einer solchen Nachricht ja leicht vorstellen kann. Und das nicht nur aufgrund ihrer Einsicht, also einer höheren Form des Verständnisses, sondern vor allem wegen des tiefen Vertrauens, das sie von Beginn an in mein Projekt setzte. Meine Kinder Guillaume und Ann, fünfzehn beziehungsweise zehn Jahre alt, reagierten so verschieden, wie es ihrer unterschiedlichen Gemütsart entsprach: er, der genauso zurückhaltend ist wie ich, behielt seine Gefühle für sich, und sie flüchtete in ihr Zimmer, um zu weinen. Ich sollte später noch oft genug Gelegenheit haben festzustellen, daß diese Ozeanüberquerung nicht nur mich auf eine harte Probe stellte.

Egoistisch? Das bin ich ganz sicher. Aber was ist mehr wert: ihnen das Bild eines Vaters zu geben, der für sie verzichtet, oder aber das Beispiel eines Menschen, der bis an die Grenze seiner selbst vorstößt, auch wenn er dabei zugrunde gehen könnte?

Im April fliege ich für eine Woche nach Japan, um mir dort an der Küste meinen Startpunkt auszusuchen. Meine Wahl fällt auf die Hafenstadt Choshi. Sie ist weniger als hundert Kilometer von Tokio entfernt, und noch weniger vom Flughafen. Choshi liegt am äußersten Punkt einer Landspitze, die wie der Bug eines Schiffes aufs offene Meer, nach Osten, in meine Richtung hinausweist. Wenn ich von hier aus aufbreche, vermeide ich den gefährlichen Schiffsverkehr der Bucht von Tokio und des Hafens von Yokohama und kann so mit einem minimalen Kollisionsrisiko die hohe See erreichen.

Nach der Rückkehr nach Paris gebe ich mein Projekt offiziell bekannt. Die Einladungskarte zu meiner Pressekonferenz im *Cercle de la Mer* gibt eine Pazifikkarte wieder sowie, auf der einen Seite, den folgenden Text:

»*Am 20. September 1980, nach seiner Atlantiküberquerung mit dem Ruderboot, erklärt Gérard d'Aboville: ›Wenn ich mir einer Sache sicher bin, dann ist es die: Ich werde nie, nie mehr eine solche Schufterei auf mich nehmen!‹*«, der auf der anderen Seite diese Fortsetzung findet: »*Paris, den 24. April 1991: ›Ich habe inzwischen gelernt, daß man sich keiner Sache und keines Menschen sicher sein kann, vor allem nicht seiner selbst.‹*«

Als ich elf Jahre zuvor, unter denselben Umständen und fast an demselben Ort, mein erstes Projekt vorgestellt hatte, waren meine Zuhörer buchstäblich zu Stein erstarrt. Ich erkenne einige Gesichter von damals wieder. Sie sind nicht jünger geworden, in diesen elf Jahren. Vermutlich denken sie dasselbe von mir!

Und dann kam der Monat Mai. Ein katastrophaler Monat in Frankreich. Durch die vielen Feiertage mitten in der Woche, die durch Brückentage und ein paar hier und da geschickt genommene Urlaubstage verlängert werden, ist das ganze Land vier Wochen lang praktisch gelähmt. Aber Bernard, der mit seiner Mannschaft Tag und Nacht arbeitet, um die Termine einzuhalten, läßt sich davon nicht beirren und ruft mich ständig wegen irgendwelchen Ausrüstungsteilen, den Sonnenkollektoren, den Batterien an.

Mein mit modernsten Verbundwerkstoffen gebautes Boot nimmt Gestalt an. Der Rumpf der *Sector* wird aus einem 15 mm dicken, geschlossenzelligen Schaumstoff gefertigt, der keinen Tropfen Wasser aufnimmt und von zwei kaum 1mm dicken Lagen von Kohlenstoffasern eingeschlossen wird.

Diese Monoblock-Konstruktion ist absolut steif und – für ihr geringes Gewicht – extrem solide. Sie hat aber einen Nachteil: Wenn man nicht schon im voraus die notwendigen Verstärkungen und Einlagen einplant, kann man nachträglich kein Loch und keine Schraube mehr in der Außenhaut anbringen. Deshalb muß Bernard auch von Beginn der Konstruktionsarbeiten an alle Zubehörteile beieinander haben, die auf dem Deck, im Innern des Bootes oder im Cockpit installiert werden sollen.

In unserem Büro in Issy-les-Moulineaux verbringen Christophe und ich ganze Tage am Telefon und werden dabei immer wütender, weil wir niemanden erreichen. Die Entscheidungsträger sind unauffindbar – und meist auch abgereist, ohne irgendeine Anweisung zu hinterlassen, zumindest nicht für so unbedeutende Angelegenheiten wie die meinen.

Diese Tage vergehen wie im Fluge und sind alles andere als eine Erholung! Sie tragen auch absolut nichts zu meiner Fitneß bei. Zugegeben, mein Projekt erfordert kein spezielles Muskeltraining. Ich brauche dazu beileibe kein Athlet zu sein, muß jedoch unbedingt eine tadellose Gesundheit mitbringen. Und vor allem sicherstellen, daß sich in diesen sechs Monaten nicht irgendeine große Malaise einstellen kann. Ein halbes Jahr fern von jedem Arzt und jedem Krankenhaus. Deshalb lasse ich mir am 21. Mai alle Körperhöhlen und Hohlorgane von einer Reihe langer, glücklicherweise aber dünner Kabel, die in Minikameras enden, auf die allerindiskreteste Weise durchforschen. Ein Trost, daß ich diese erstaunliche Reise in mein Inneres wenigstens auf einem Monitor mitverfolgen kann...

Ich hätte liebend gern auf diese originelle Art der Selbstbeobachtung verzichtet, aber wenn man fünfundvierzig ist, kann der alte Adam schließlich auch schon abgenützt und müde sein, ohne ein Sterbenswörtchen davon zu sagen. Von Professor Boissonas für »diensttauglich« erklärt, verlasse ich das Cochin-Krankenhaus.

Unterdessen hat Bernard letzte Hand an seine neueste Schöpfung angelegt: Als meine *Sector* die Werft verläßt, bietet sie einen stolzen Anblick.

Ich werde mich hier nicht allzu lang über das Boot mit seinen drei Abteilungen auslassen:
- achtern die hermetisch abgeschlossene Kajüte
- in der Mitte die offene Plicht (Cockpit), mein Ruderstand
- vorn der wasserdichte Stauraum
- Länge: 8 m, Breite: 1,60 m; Eigengewicht: 250 kg, voll beladen: 650 kg.

Ein Schlepper nimmt die *Sector* huckepack, um sie nach Kérantré, meine bretonische Heimat, zu überführen.

Dort wird sie mit einer zumindest für mich völlig überraschenden Zeremonie begrüßt. Meine Mutter hatte mich zwar, so ganz nebenbei, gefragt, ob ein paar Nachbarn das Prachtstück bewundern kommen könnten, und ich hatte natürlich ja gesagt.

21

1 Vorpiek (Stauraum)
2 Wasserdichtes Schott
3 Vorderer Schwertkasten
4 Vorderes Schwert
5 Rudertunnel
6 Lebensmittelkisten
7 Telex-Antenne
8 Sonnenkollektoren
9 Rudergabel
10 Meerwasserfilter
11 Gekuppelte Meerwasserentsalzungspumpe
12 Rollsitz
13 Backbord-Ballasttank (mitschiffs)
14 Kompaß
15 Funkantenne
16 Gaskocher
17 Steuerruder-Hebel

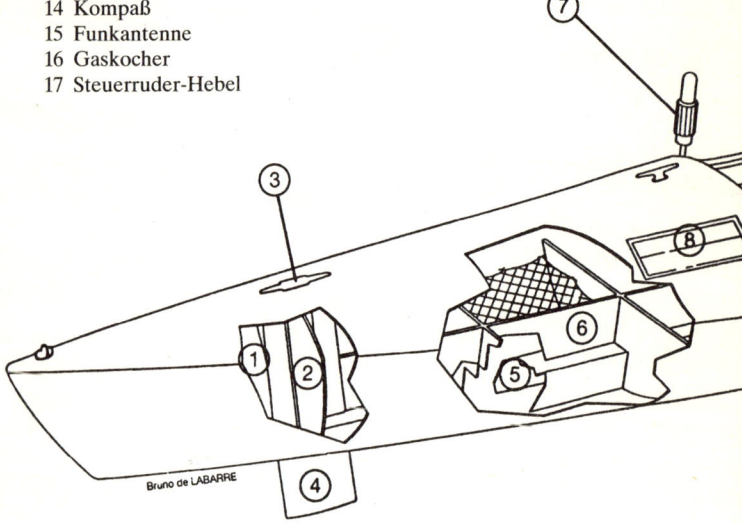

Bruno de LABARRE

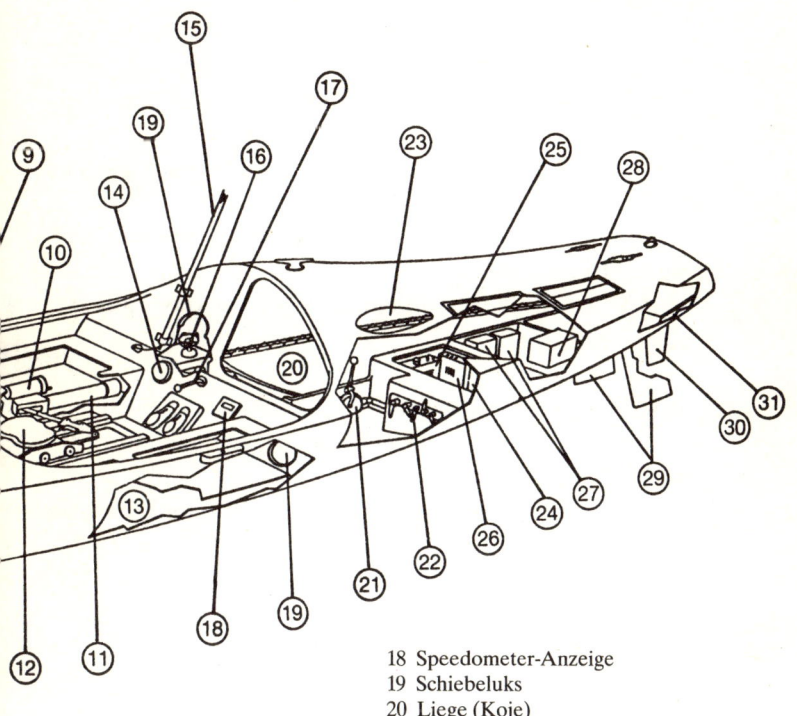

18 Speedometer-Anzeige
19 Schiebeluks
20 Liege (Koje)
21 Meerwasserpumpe (Ballasttanks)
22 Schieber (Ballasttanks)
23 Backbordbullauge
24 Wasserdichter Behälter
25 Funkgerät
26 Telex
27 Cadmium-Nickel-Batterien
28 Stromverteiler
29 Heckschwerter
30 Ruderblatt (Steuerruder)
31 Heckballasttank

Aber kaum ist die *Sector* vor Ort, da taucht schon ein ganzes Glaubenskommando auf: vorne weg der Geistliche einer Konfessionsschule in der Umgebung und gleich dahinter zwei Dutzend fest entschlossener Ordensschwestern. Und schon bringen sie ihre Waffen und ihre Munition zum Vorschein: einen Weihwedel und eine Art Eiskübel, der halb mit Weihwasser gefüllt ist. Bevor ich überhaupt reagieren kann, wird meine *Sector* – die ja nicht mit der Erbsünde behaftet sein dürfte – das Opfer einer regelrechten Taufe!

Ich bin von den magischen Kräften des Verfahrens nicht so recht überzeugt und auch über die fromme Überrumplungstaktik etwas verärgert, lasse aber die Zeremonie gern über mich und mein Boot ergehen, weil ich mir sage, daß sie vielleicht meine Eltern während meiner Pazifiküberquerung besser schlafen läßt.

Am selben Tag rieben sich die Arbeiterinnen der Fleischfabrik Ono in dem nur wenige Kilometer von Kérantré entfernten Pontivy erstaunt die Augen, als sie an ihrer Transportkette zwischen zwei vakuumverpackten Schinken einen Pullover auftauchen sahen, der ebenfalls in Plastik eingeschweißt war. Danach baumelten, mitten unter den Würsten, auch noch Schuhe und T-Shirts an ihnen vorüber! Mit dem Fabrikdirektor als Komplizen hatte Christophe hier die ideale Methode entdeckt, meine Expeditionskleidung wasserdicht zu verpacken.

16. Juni. Meine *Sector* erhebt sich in die Lüfte, im Laderaum eines Frachtflugzeugs der Air France. Bestimmungsland: Japan. Morgen werden wir sie wiedersehen. Meine bisherigen Zeitverluste machen mir Sorgen, die Vorstellung, noch mehr Zeit zu verlieren, macht mir Angst. Japan ist ein so furchtbar kompliziertes Land!

Cornélia, Guillaume und Ann bringen mich zum Flugha-

fen. Ich bin nicht der Typ für die »großen Gefühlsausbrü-
che« im Moment des Abschieds; in anderen Augenblicken
übrigens auch nicht.

Beide Seiten überspielen ihre Emotionen mit Formalitäten. Zählen sie wirklich? Und ich, was zähle ich genau?

2.
»*Good luck!*«

Als ich am 17. Juni 1991 auf dem Flughafen von Narita, in den Außenbezirken Tokios, lande, habe ich nur den einen Wunsch: so schnell wie möglich aufs hohe Meer hinauszufahren. Seit sechs Monaten habe ich nichts anderes getan, als mich mit Lieferanten, Bürokraten und Geldgebern herumzuschlagen. Die beim Ausbau des Bootes aufgelaufenen Zeitverluste haben mich zermürbt.

Nach meinen optimistischsten Routenplanungen sollte die Überquerung des Nordpazifiks vier bis fünf Monate dauern. Ich hatte daher im Frühjahr von Japan aus aufbrechen wollen, um mit Herbstbeginn die amerikanische Küste zu erreichen. Ich weiß, daß sich die klimatischen Bedingungen im Gebiet des Nordpazifiks ab Oktober von Grund auf verändern: Die Stürme mehren sich und werden länger, es geht ständig eine hohe See, die für ein so kleines Boot wie das meine sehr gefährlich ist, die Tage werden kürzer, und es wird kalt.

Der Gedanke, meinen Zeitplan nicht mehr einhalten zu können, hat mich seit Paris verfolgt. Ich befinde mich im Wettlauf gegen die Uhr, bei dem nicht nur meine Erfolgsaussichten, sondern auch mein Leben auf dem Spiel stehen. Bei der Einweihung meines Terminkalenders für das Jahr 1991 hatte ich im Vorgriff auf die kommenden Ereignisse unter dem Datum des 2. Juni eingetragen: *Start möglich.* Eine vernünftige Schätzung für so ein verrücktes Projekt. Aber ich hatte meine Rechnung ohne diesen verfluchten Golfkrieg, der Anfang Januar entfesselt werden sollte, und ohne die Brückentage im Mai gemacht.

Schon zwei Wochen im Rückstand. Dabei war Japan nicht das Land, wo ich mein Handicap wieder wettmachen würde, wie ich bald feststellen mußte.

Kaum aus dem Flugzeug ausgestiegen, statte ich schon den Hafenbehörden von Choshi meinen Antrittsbesuch ab. Ich werde von Mitsuru begleitet, meinem ebenso tüchtigen wie zuvorkommenden Führer und Dolmetscher. Wir ziehen uns die Schuhe aus, bevor wir das Hafenmeisterbüro mit dem tadellos gebohnerten Linoleumboden betreten, und stehen dann einem halben Dutzend kopfschüttelnder Beamter gegenüber, die sich fragen, was dieser Franzose mit seinem unwahrscheinlichen Projekt bloß will: mit dem Ruderboot den Nordpazifik zu überqueren! Wenn auch mein Vorhaben überall sonst Staunen und Aufsehen erregt, so stößt es hier in Japan – wo individuelle Leistung eigentlich nichts gilt und jede Entscheidung die Mitsprache der Gruppe und langwierige Diskussionen auf allen Hierarchieebenen erfordert – unübersehbar auf eine Mauer blanken Unverständnisses.

Die unmittelbar bevorstehende Ankunft des Bootes stürzt meine Gesprächspartner in die tiefste Verlegenheit. Da ich auf solche Schwierigkeiten gefaßt war, habe ich, wie ein guter Vertreter, sehr konkretes Anschauungsmaterial mitgebracht. Mit dem Modell meines Bootes hoffe ich, ihnen eine genaue Vorstellung von dem Fahrzeug zu vermitteln. Als ich sie von der Ernsthaftigkeit meines Projekts überzeugt zu haben glaube, merke ich zu meiner größten Verblüffung, daß einer meiner Gesprächspartner mich nun für einen Modellboothersteller hält, der sich um die Genehmigung für ein paar Probefahrten seiner Schifflein im Hafen von Choshi bemüht! Mit der Vorführung des Artikels Nr. 2, der Satelliten-Notfunkboje, die sie anfänglich für die Modellbootfernsteuerung halten, beseitige ich zwar die letzten Mißverständnisse, löse aber bei meinen Gesprächspartnern eine Lawine technischer Fragen aus, die ich auch, so gut ich kann, beantworte, um ja nicht den Eindruck aufkommen zu lassen, ich wüßte über irgend etwas nicht Bescheid. Wer wird nun als erster wagen, eine Meinung kund zu tun? Jede Situation, die durch die Dienstvorschriften nicht geregelt wird, ist für den Beamten, welcher Nationalität auch immer, äußerst verwirrend. Während ihre Untergebenen Miene machen, sich ins Aktenordnen zu vertiefen, ziehen sich die Chefs paarweise in ein angrenzendes Büro zurück, um dort Rede und Antwort zu stehen. Es ist 17.50 Uhr, und in zehn Minuten machen die Ämter zu. Eine kritische Situation: Ich muß morgen zu meiner Pressekonferenz nach Tokio. Aber ich habe noch einen Trumpf im Ärmel, und den lege ich nun auf den Tisch: das Buch meiner Atlantiküberquerung, das schön bebildert und vor allem ein anschaulicher Beweis für die Ernsthaftigkeit meiner Unternehmungen ist. Ein glücklicher Schachzug, denn er gibt dem Oberboß die Möglichkeit, aus der Sackgasse, in die wir geraten sind, wieder herauszukommen, ohne das Gesicht zu verlieren:

»Und als Sie von den Vereinigten Staaten aufgebrochen sind, was haben da die Behörden zu Ihnen gesagt?«

»»Good luck.‹«

Erneuter Rückzug ins Büro nebenan. Schließlich taucht einer der Beamten wieder auf – und sagt:

»Good luck!«

18. Juni, wieder in Tokio.

Jack Sagazaki, der Agent der Sponsoren, hat seine Sache gut gemacht. Der Saal ist voller aufmerksamer Journalisten. Der französische Botschafter beehrt die Pressekonferenz mit seiner Gegenwart und gibt so diesem verrückten Projekt den moralischen Rückhalt, den es auch bitter nötig hat.

Während die Eröffnungs- und Vorstellungsreden gehalten werden, denke ich an die Konferenz zurück, die ein paar Wochen zuvor in Paris stattfand.

Ganz vorn, auf einem der Ehrenplätze, hatten wir einen Vertreter der japanischen Botschaft gesetzt. Tags darauf rief ich bei ihm an und bat ihn, da er ja nun bestens über das Projekt informiert sei, um ein kleines Einführungsschreiben in japanischer Sprache, das die Relevanz, den Sinn und Zweck meiner Unternehmung sowie ihre Bedeutung für Frankreich darlegen würde. Nach gut zehn Sekunden des Zögerns kam dann seine, sehr verlegen vorgebrachte, Antwort: das sei wirklich unmöglich. »Verstehen Sie doch, wenn das jeder so machte wie Sie! Außerdem muß ich erst einmal mit meinen Kollegen darüber sprechen...« Das war meine erste Lektion in japanischer Mentalität gewesen.

Francesco Iacono, der Marketingleiter von Sector, erklärt, weshalb seine Gesellschaft die Operation »Nordpazifik« sponsort; dann ergreife ich das Wort.

Ich lege den Akzent auf die Kommunikation und folglich auf die Empfangs- und Sendeeinrichtungen, mit denen ich meine *Sector* ausgerüstet habe, das Seefunkgerät und das Satellitentelex.

Umfassende Beschreibung des Bootes, mit Modell-Unterstützung, dann kommen wir zu den Fragen:

»Wo ist Ihre Toilette?«

»Pardon?«

»Ja, wir sehen in dem Riß und in dem Modell weder eine Dusche noch ein WC. Wie machen Sie das?«

Ich bin ein wenig aus dem Tritt gebracht durch diese wirklich unerwartete Frage und versuche es mit einem sehr französischen Ablenkungsmanöver, so auf die humorige Art:

»Also, meine Toilette, die befindet sich rund um mein Boot.«

Weil mein Fragesteller mich immer noch fragend anblickt, präzisiere ich, ohne zu merken, daß hier der Humor bei ernsten Angelegenheiten fehl am Platz ist:

»Ja, ich werde sozusagen der erste Mensch sein, der mit dem Ruderboot seine eigene Abtrittgrube überquert.«

Da ich spüre, daß ich damit einen falschen Weg eingeschlagen habe und mir aus dem ökologischen Lager eine verheerende Kritik einhandeln könnte, ergänze ich:

»Ich werde auch der erste Mensch sein, der dank seiner Meerwasserentsalzungspumpe fünf Monate lang sein Trinkwasser aus seiner Abtrittgrube beziehen wird.«

Gelächter in der französischen Ecke des Saales, völliges Unverständnis überall sonst. Noch am selben Abend veröffentlicht eine japanische Zeitung eine hübsche Skizze der Bootseinrichtung – inklusive Toilette und kleiner Dusche!

Eine andere Frage:

»Wann brechen Sie auf?«

»Zuerst muß noch die Bootsausrüstung überprüft werden, aber danach: sobald wir gutes Wetter haben.«

»Schön! Und wann wird das sein?«

Es ist wahr, wir sind in Japan, und hier kann man sich kein ernstzunehmendes Projekt ohne ein im voraus festgelegtes und streng eingehaltenes Programm vorstellen.

»Äh . . . sagen wir . . . ab dem 23. . . .«

19. Juni. So langsam wird die Mannschaft vollständig. Das Video- und Fototeam kommt, von France Info geschickt, und dann auch Bruno, der als einer der letzten eintrifft.

Ich kenne Bruno schon seit fast dreißig Jahren. Wir haben zusammen die Baupläne für die *Capitaine Cook* entworfen, mit der ich 1980 über den Atlantik gerudert bin. Er hat mich schon in der Bretagne bei der Ausrüstung der *Sector* unterstützt und stößt nun in Japan zu mir, um letzte Hand an Boot und Gerät anzulegen.

Brunos nautische Kenntnisse sind schlicht allumfassend.

Er ist ein wandelndes Lexikon und antwortet wie aus der Pistole geschossen, wenn Sie ihn nach der Gesamtlänge der in einem Atom-U-Boot installierten Röhren fragen oder nach der der Bedeutung des Wortes »chafuste«, dem Gewicht einer der Schiffsschrauben des Passagierdampfers *Normandie* oder dem Alter ihres Kapitäns.

Seine kompromißlose Liebe zum Meer und zu allem, was darauf fährt, bringt ihm regelmäßig Ärger mit der Gendarmerie ein, die ja in maritimen Gebräuchen im allgemeinen wenig bewandert ist und sich nur schwer damit abfinden kann, daß sein Auto – genau wie ein Schiff – grüne Steuerbord- und rote Backbordlichter führt.

Kaum gelandet, macht er klar, wie er sich den weiteren Ablauf vorstellt. Den Vorschlag seiner Reisegefährten, mit nach Tokio hineinzufahren, um Christophe und mich zu treffen, lehnt er kategorisch ab. Seine Aufgabe bestehe darin, sich um das Boot zu kümmern, und weil die *Sector* noch am selben Tag eintreffe, werde er am Flughafen auf sie warten. Man gibt zu verstehen, daß sie nicht gleich zollamtlich abgefertigt, sondern erst noch in einer Flugzeughalle zwischengelagert wird. Nichts zu machen, Bruno hat seinen Schlafsack mitgebracht und es sich in den Kopf gesetzt, neben der *Sector* auf dem Hallenboden zu schlafen. Es bedarf der ganzen Überzeugungskraft des eiligst ans Telefon geholten Christophe, um Bruno davon zu überzeugen, daß er nach fünfzehn Stunden Flug dringend Ruhe und Erholung braucht.

Der Lebensmittelfachmann des Flughafenzolls, der am nächsten Tag mein Material abzufertigen hat, ist ratlos. In welche zollamtliche Kategorie gehören denn um Gottes willen meine 125 Kilo gefriergetrockneter Nahrung? Die Lebensmitteleinfuhr ist den allerschärfsten Bestimmungen unterworfen. Müßte er nicht all diese verschweißten Aluminiumbeutel öffnen, von denen jeder eine komplette Mahlzeit enthält?

Ich sage ihm, das zöge den Verderb dieser Produkte und damit zwangsläufig das Ende meines Projekts nach sich. Aber ich öffne wenigstens einen Beutel, und er schüttet dessen mumifizierten Inhalt auf den Tisch. Sein Blick wandert unruhig darüber hinweg. Dann sieht er mich fassungslos an.

»Und *das* werden Sie fünf Monate lang essen?«

Ich erkläre ihm, mit ein bißchen heißem Wasser werde sich das, was er da vor sich sehe, in ein saftiges Steak *charolais* verwandeln...

Er füllt das Fleisch behutsam wieder in den Beutel, erkundigt sich ganz nebenbei, was man bei der Zubereitung eines Steak *charolais* zu beachten habe, unterschreibt die uns noch fehlenden Papiere und schaltet dann, als wir hinausgehen und ihn mit dem Beutel allein lassen, seinen elektrischen Wasserkessel an.

Mitsuru, Christophe und ich brechen sofort nach Choshi auf, wohin bereits ein Lastwagen mit der *Sector* unterwegs ist. Gleich nach dessen Ankunft nimmt Bruno, der den Transport natürlich begleitet, die Sache in die Hand und organisiert den Stapellauf.

Guter, alter Bernard. Er wird bis zu meiner Abfahrt fast ständig bei uns auf dem Boot bleiben, es nur verlassen, um irgendwelche unumgänglichen Besorgungen zu erledigen, und an Bord schlafen, Tag und Nacht die Festmacher überprüfen, Staupläne aufstellen, die Einrichtung optimieren und tausend kleine Verbesserungen vornehmen und mich manchmal mit seinem Perfektionismus nerven. Aber wie oft werde ich nicht während meiner Pazifiküberquerung an ihn denken und die Sorgfalt all seiner Montagen und Vorkehrungen bewundern!

Meine restliche Mannschaft soll von Tokio aus mit der

Bahn zu uns stoßen. Unterwegs muß sie Ersatz für ein unerläßliches, aber leider in Frankreich vergessenes Videozubehörteil besorgen. Nichts leichter als das, für fünf kerngesunde Erwachsene? Nach sechs Stunden waren sie dann endlich da – todmüde und kurz vor einem Nervenzusammenbruch, nachdem sie sich dreidutzendmal aus den Augen verloren, wiedergefunden und erneut aus den Augen verloren hatten. Die einzige gute Nachricht: Sie haben das fragliche Teil bekommen. Unglücklicherweise haben sie es jedoch im letzten Taxi liegen gelassen! Man braucht kein Hellseher zu sein, um zu ahnen, daß ich noch nicht am Ende meines Leidenswegs angelangt bin.

Das Riverside Hotel, in dem wir untergebracht sind, hat nichts von einer Luxusherberge an sich. Schon im Foyer wird der unerschrockene Tourist, der sich da hineinwagt, durch den fürchterlichen Bodenbelag schockiert, der hier die Stelle eines Teppichbodens vertritt: eine Art Strohmatte aus grellgrünem Plastik, Typ Kunstrasen.

Die Betten sind eher kurz geraten. Glücklicherweise, denn sonst würden sie das ganze Zimmer ausfüllen.

Der Name des Etablissements läßt immerhin eine angenehme Aussicht auf einen Fluß erwarten. Aber ach, zwischen dem Hotel und den schlammigen Fluten des Tone River erhebt sich ein anderes Gebäude, dessen Mauer drei Meter vor unseren Fenstern in die Höhe ragt.

Wenigstens die Zimmerpreise sind erträglich.

Aber was soll's, wir werden hier ja nur für eine sehr kurze Zeit bleiben.

Eigentlich müssen wir nur noch die Funktionsfähigkeit des Funkgeräts und des Telex testen.

Ich habe die *Sector* mit diesen beiden Geräten ausgerüstet, weil sie in meinen Augen komplementäre Funktionen haben.

Mit dem Funkgerät – es ist dem sehr ähnlich, das ich zehn Jahre zuvor auf dem Atlantik benutzte – kann ich ebenso mit Funkamateuren wie mit den Seefunkstellen kommunizieren, die für die Verbindung zwischen den Schiffen und den Telefonnetzen sorgen.

Eine verführerische Lösung, die aber mit zwei Nachteilen behaftet ist: Da ist zum einen der relativ hohe Stromverbrauch eines Funkgeräts, bedingt vor allem durch das teilweise sehr aufwendige Verfahren beim Absetzen eines Funkspruchs, und zum anderen die Unwägbarkeit der Wellenausbreitung, die den Funker dazu zwingt, je nach Position, Zeitpunkt etc. mit immer anderen Frequenzen zu jonglieren. Unmöglich, feste Kontaktzeiten zu vereinbaren und einzuhalten, ja, man läuft ständig Gefahr, einen Funkpartner ganz zu verlieren. Da kommt das Telex ins Spiel. Es besteht aus einem kleinen Bordcomputer, auf dessen Bildschirm man Nachrichten lesen und zusammenstellen kann, und einer Antenne, die normalerweise für die Außenmontage gedacht ist. Wegen der ständigen Kentergefahr werde ich sie jedesmal nach Gebrauch wieder einholen. Das Telex schickt seine Funksignale zu einem Satelliten, der sie empfängt, verstärkt und zu einer Bodenstation abstrahlt, von wo aus sie dann zu jedem beliebigen Fernschreiber auf der ganzen Erde gelangen können.

Dieses Telex hat gleich zwei Vorteile: Es minimiert meine Sendezeiten und damit meinen Stromverbrauch und macht mich, via automatischen Empfang, unabhängig von der Präsenz meines Kommunikationspartners. Ich baue auf diesen Fernschreiber, um meine eventuell unterbrochenen Funkkontakte neu zu knüpfen.

Noch ein Sicherheitsmoment: Meine zwei Kommunikationsgeräte, Funk und Telex, sind unabhängig voneinander. Sie sind zuhause in Frankreich alle beide erfolgreich getestet worden.

Aber hier ist leider nichts mit ihnen anzufangen: Sie sind und bleiben tot.

Es kann keine Rede mehr davon sein, am übernächsten Tag abzufahren. An die Arbeit also!

23. Juni. Als ich heute morgen zum Boot komme, wird mir klar, wie unvorsichtig ich mit den ersten Verlautbarungen zu meinem Abfahrtsdatum war. Alle nachträglichen Dementis waren umsonst – sie sind alle erschienen und erwarten mich schon: der Agent des Sponsors, die Journalisten, Fernsehteams und Fotografen und die Behördenvertreter. Sie sind schon beim Morgengrauen in Tokio aufgebrochen, um das Spektakel nicht zu verpassen, und bedrängen den armen Bernard, der gerade aus der *Sector* auftaucht, mit ihren Fragen.

»Wann startet er?«

An der Hafenausfahrt fiebern schon ein Orchester und eine kleine Tanzgruppe dem feierlichen Augenblick entgegen. Der Bürgermeister von Choshi überreicht mir ein glückbringendes Fähnchen und hält eine kleine Rede, die er mir anschließend in einer tadellosen französischen Übersetzung aushändigt. Ein Fan, der sich extra für diesen Anlaß zwischen zwei Aufenthalten in Saudi-Arabien Urlaub genommen hat, vertraut mir ein Koranexemplar an, das zwar in arabischer Sprache geschrieben ist, aber, wenn man ihm glauben kann, aufgrund seines »hohen symbolischen Werts« mir immer von Nutzen sein wird. *Allah Akbar!*

Die originellste Gabe kommt zweifelsohne vom Präsidenten des – mit drei Booten gesegneten – *Choshi Sailing Club*, der mir eine Telefonkarte überreicht, die ich wie meinen Augapfel hüten und seinem Amtskollegen in meinem amerikanischen Ankunftshafen aushändigen soll.

Alles in allem, bei dem Festakt fehlt nichts als... meine Abfahrt.

Wie kann ich dieser ehrenwerten Versammlung erklären, daß meine im Prinzip sehr zuverlässigen Übertragungsgeräte sich als praktisch unbrauchbar erwiesen haben?

Mein Telexhersteller sitzt in Frankreich und ist außerhalb seiner Geschäftsstunden unmöglich zu erreichen. Aufgrund der Zeitverschiebung müssen wir die Tests während der (japanischen) Nachtstunden veranstalten. Wir führen dabei einen Zirkus auf, dessen Wiederholungskomik keinen von uns zum Lachen bringt: Zuerst versuche ich, vom Boot aus eine Nachricht abzusetzen. Dann startet Christophe einen Tausendmeterlauf zur nächsten Telefonzelle, um in Frankreich anzurufen. Unser Hersteller am anderen Ende der Leitung erklärt ihm jedesmal, nichts empfangen zu haben, und schlägt eine alternative Vorgehensweise vor. Rückkehr zum Boot, und das Ganze von vorn. Damit verbringen wir eine Nacht nach der andern!

Auch unserem Funkgerät verdanken wir ein paar schöne Momente. Der französische Importeur, bei dem ich es gekauft hatte, hatte mir von sich aus die technischen Veränderungen angezeigt, die dessen Funktion verbessern könnten – in meinem Fall durchaus unerläßliche Veränderungen.

Da unsere Funkversuche sich als fruchtlos erweisen, fragen wir den Importeur telefonisch um Rat. Ausweichende Antworten. Aber daran soll es nicht scheitern: Das Gerät ist japanischer Herkunft, und seine Inbetriebnahme – oder zumindest eine Fehlerdiagnose – dürfte für die örtliche Vertretung dieser Firma ein Kinderspiel sein. Aber der zuständige Techniker gerät angesichts der Tragweite der Angelegenheit in Panik. Die Vorstellung, für das eventuelle Scheitern eines Eingriffs verantwortlich gemacht zu werden, lähmt ihn. Er verneigt sich respektvoll vor dem Problem und verduftet.

Wir bringen mein Funkgerät daher nach Tokio, zum Hersteller selbst. Er, nachdem er die technischen Veränderungen konstatiert hat, nimmt mit dem Importeur in Frankreich Rücksprache. Der geht in Abwehrstellung, spannt seinen Regenschirm ganz weit auf:

»Wenn es nicht funktioniert, dann liegt das wahrscheinlich an den Veränderungen, die Monsieur d'Aboville vorgenommen hat, und zwar gegen unseren ausdrücklichen Rat.«

Bald danach gibt uns der japanische Hersteller den Apparat wieder, aber nicht, ohne ihn vorher in seinen Originalzustand zurückversetzt zu haben!

Christophe ist völlig niedergeschlagen, ruft aber einen Spezialisten namens Takedo an, auf den er seine letzte Hoffnung setzt. Sie machen für den Nachmittag ein Treffen aus. Zur vereinbarten Zeit findet sich Christophe bei unserem Retter ein, aber Herr Takedo ist auf geheimnisvolle Weise verschwunden. Bei einem Gespräch mit einem Verkäufer entdeckt unser Dolmetscher, wo der Hase im Pfeffer liegt: Das Mutterhaus hat soeben alle seine Vertretungen telefonisch vergattert, jeden technischen Eingriff an unserem Funkgerät zu unterlassen. Der arme Takedo, den der Gedanke, seine Zusagen nicht einhalten zu können, mit tiefer Scham erfüllte, hat es vorgezogen, das Weite zu suchen, um nicht das Gesicht zu verlieren.

Was nun unseren mutigen, von seinem Regenschirm so trefflich geschützten französischen Importeur anbelangt: Ist dem Mann eigentlich klar, daß wir wegen ihm Tag und Nacht auf dem Boot arbeiten, daß seinetwegen acht Personen zur Untätigkeit verdammt sind und, wenn es in diesem Tempo weitergeht, meine Chancen, unter annehmbaren Bedingungen starten zu können, praktisch gleich null werden?

Große Überraschung, als ich aus dem Riverside Hotel trete: François ist da!

Er sieht aus wie ein Gentleman-Farmer, aber mehr Gentleman als Farmer. François ist mein Cousin, und ich würde gerne sagen, daß ich ihn wie einen Bruder liebe, wenn ich nicht schon fünf Brüder hätte, was ein bißchen viel ist. Ihn hier unter uns zu sehen, läßt mir warm ums Herz werden. Zusammen mit Christophe und Bernard verstärkt er den »harten Kern« der alten Freunde, der mich bei meinem Kampf gegen die unheilvolle Neurose unterstützen wird, die schon unsere Reihen zu lichten beginnt.

François wird zu unserem Protokollchef befördert und erhält den Auftrag, nach Tokio zu fahren, um die französische Botschaft zu besuchen. Dort lernt er, dank eines glücklichen Zufalls, den Militärattaché kennen und erzählt ihm sogleich von unseren kommunikationstechnischen Problemen.

Major Blanvillain ist von dem Projekt so begeistert, daß er alle Hebel in Bewegung setzt, um uns unter die Arme zu greifen. Am 28. Juni schickt er deshalb den Rundfunkspezialisten und gelegentlichen Funkamateur Georges de Marrez nach Choshi, damit der die Installationen der *Sector* auf Herz und Lungen prüfe.

Neue Hoffnung keimt auf.

Wenn ich Ihnen sage, daß Georges ein hartnäckiger Mensch ist, dann können Sie mir das glauben. Gleich nach seiner Ankunft nehmen wir uns das widerspenstige Telex vor. Wir versuchen alles, bauen es auseinander, bauen es wieder zusammen; ich gehe sogar so weit, das Boot von einer Hafenecke in die andere zu verbringen, um die hypothetische Störung durch eine elektrische Leitung oder eine Antenne sicher ausschließen zu können. Der Nachmittag, der Abend und die ganze Nacht gehen mit unseren fruchtlosen Bemühungen dahin.

Am nächsten Morgen ist mein Entschluß gefaßt: Entweder finden wir ein Gerät einer anderen Marke oder ich fahre ohne Telex los.

Mit jedem Tag, der auf die Art vergeht, tausche ich einen Tag Sommernavigation gegen einen Tag Winternavigation ein, den ich dann am Ende meiner Reise durchzustehen haben werde.

Eine kleine Windstille mitten in der Regenzeit läßt mich auf eine kurze Schönwetterperiode hoffen, und so bestimme ich kraft meiner Autorität den übernächsten Tag als meinen Abfahrtstag.

30. Juni. Es ist der Gipfel, das heute morgen. Einfach zum Kotzen! Die Ostwinde haben hinten im Hafenbecken, wo meine *Sector* schaukelt, ein fürchterliches Konglomerat angesammelt: Abfälle, tote Fische, Reste von Fischnetzen und Plastiktüten – und das alles in eine dicke Schicht aus fettigem, übelriechendem Schaum eingepackt. Mit dem Wellenschlag des Hafenwassers ist die Schmiere so weit am Bootsrumpf hochgeklettert, daß er nicht mehr wiederzuerkennen ist. Das Cockpit sieht haarsträubend aus, die Festmacher sind zum Teufel, und alles was man anfaßt, ist für immer verdreckt. Die Leiter, die zum Boot führt, trieft nur so von diesem ekligen Gemisch. Ich setze mich neben Bernard auf die Kaimauer und sehe mir angeekelt das Desaster an.

Eine Kamera hält unser Unglück für alle Zeiten fest. Armer Laurent, armer Filmregisseur: Ich bin eh schon wenig kooperativ, wenn es um die Belange des Films geht, und mache ihm auch jetzt seine Arbeit nicht leicht. Mit mürrischem Gesicht werfe ich ihm zu:

»Schade, daß du den Gestank nicht filmen kannst.«

Denn diese Schmotze strömt zu allem Übel auch noch einen fürchterlichen Kanalisationsgeruch aus, der in unsere Kleider und sogar in unsere Haare dringt.

Aber wir müssen zu einem Ende kommen. Georges hat das Funkgerät, das nun in Ordnung zu sein scheint, wieder eingebaut. Zum Teufel mit dem Telex!

Wir hieven die *Sector* aus dem Wasser, um sie von all dem ekligen Unrat zu befreien, und versehen das Unterwasserschiff mit einem Antifouling-Anstrich, der Algen und Muscheln davon abhalten soll, sich dort festzusetzen und dadurch die Fahrt meines Bootes empfindlich zu bremsen. Aber der Schmutz sitzt so fest, daß wir kräftig reiben müssen, eigentlich zu kräftig, denn wir riskieren dabei, die Kohlenfaserbeschichtung zu beschädigen. Zur Reinigung des Tauwerks brauchen wir sogar Chemikalien, mit denen man normalerweise verstopfte WC-Rohre freimacht.

Ein Schwarm japanischer Pressefotografen, der sich in zehn Meter Entfernung vom Boot hinter dem Absperrseil drängt, schießt Dauerfeuer; sie kamen, um den Start des verrückten Ruderers zu verewigen, und sind doch nur mitten in unsere Säuberungsarbeiten hineingeplatzt.

Auch wenn die Szene eigentlich für sich selbst spricht, muß ich sie einigen örtlichen Journalisten, die sich natürlich keinen Reim darauf machen können, detailliert erläutern. Nur mit Mühe kann ich ihnen meine Ungeduld und meinen Ärger verbergen. Ich habe ja noch nicht einmal Zeit gehabt, meine Familie zu benachrichtigen. Ich bin ständig in Aktion, und all das für nichts.

Am Ende dieses erschöpfenden Tages sind meine Hände von der Lauge glatt gebeizt, völlig aufgeweicht, und haben eine richtige Kinderhaut bekommen. Nicht gerade die ideale Voraussetzung, um sich am nächsten Tag in die Riemen zu legen.

Mitten in der Nacht, gegen 1 Uhr, kommt mir ein erleuchtender Gedanke: Mir wird nämlich klar, daß ich drauf und dran bin, dem zwanghaften Wunsch nachzugeben, vor dieser ewigen, zermürbenden Warterei die Flucht zu ergreifen.

41

Jeden Abend sehe ich – wie eine Mauer, die von Mal zu Mal höher und unüberwindlicher wird – die Front der Oktober- und Novemberstürme vor mir, die mich da drüben, auf der anderen Seite, erwartet. Aber ich bin erschöpft und kann nicht mehr klar denken. Diese Wetterberuhigung dürfte nicht lang genug halten, um mir die Chance zur Flucht nach vorn zu geben. Kaum draußen, könnte mich schon der nächste Ostwind an die Küste zurückwerfen.

Gegen 2 Uhr morgens ziehe ich deshalb die Notbremse und wecke Christophe. Mein »letztes Interview vor dem Start«, das ich dem Korrespondenten von France Info gab und das jetzt schon in Paris sein muß, darf auf keinen Fall veröffentlicht werden.

»Warte, ich muß mir die Sache nochmal überlegen... Ich fahre morgen nicht ab.«

5. Juli.

Ich bin am Boden zerstört.

Jetzt placken wir uns schon seit drei Wochen hier ab.

Telexausfall, ein Wust von Formalitäten, Wettervorhersagen, die zum Kotzen sind. Jeden Tag, und eher zwei- als einmal täglich, gehe ich mit Mitsuru zum Wetterbüro. Schon seit zwei Wochen jagt ein Tief das andere, wechseln sich mit schöner Regelmäßigkeit orkanartige Stürme mit heftigen Gegenwinden ab.

Wenn ich den Meteorologen nach seiner Wetterprognose frage, antwortet er nur mit einem Lächeln oder Kopfschütteln, das ihn zu nichts verpflichtet; immer diese Angst, für irgendeinen Fehler, einen Irrtum verantwortlich gemacht zu werden. Man muß allerdings zugeben, daß hier Arbeitsethos und Ehrgefühl Hand in Hand gehen und kaum Grenzen kennen. Als ich Charlie – einem amerikanischen Freund und Mobiloil-Direktor in Japan – von dem Problem, genaue

Wettervorhersagen zu bekommen, berichtete, erzählte er mir die folgende Geschichte, die sich ein paar Jahre zuvor ereignet hatte. Damals hatten die hiesigen Meteorologen den Beginn der Regenzeit prognostiziert, ein im japanischen Kalender sehr bedeutsames Ereignis. Als aber an dem besagten Tag nicht ein Tropfen Regen fiel, und auch am nächsten und übernächsten nicht, dauerte es keine Woche, bis zwei dieser Meteorologen Selbstmord begingen.

Der Countdown ist unterbrochen. Was für ein fürchterlicher Schlamassel! Und was für eine nutzlose Energieverschwendung!

Wir gehören inzwischen mit zum Dekor dieses hinteren Hafenbeckens, wo die arme *Sector* wie in einer Falle gefangen ist. Auf dem Kai haben wir eine Art Clochard-Zelt aufgeschlagen, um unser Material vor dem unaufhörlich niedergehenden Regen zu schützen. Einige Besucher sind mit der Zeit zutraulich geworden. Höflich lauschen sie den detaillierten Erklärungen, die ihnen Bruno in einem Gemisch aus Französisch und Englisch gibt, von dem sie nicht ein Wort verstehen. Das läuft etwa folgendermaßen ab:

»Sehen Sie, dieses Boot kann natürlich kentern, und zwar aufgrund seiner Abmessungen und seines geringen Ballasts. In so einem Fall kommt dann ein raffiniertes Ballastsystem zum Einsatz...«

Kopfnicken.

»Die *Sector* ist nämlich mit zwei Tanks von je etwa hundert Litern Fassungsvermögen ausgestattet, wobei der eine auf Steuerbord liegt und der andere backbords. Mit Hilfe einer kleinen Handpumpe kann Gérard, der sich im Innern seines gekenterten Bootes befindet, Meerwasser ansaugen und damit den einen oder anderen dieser seitlichen Ballasttanks füllen, um dem Boot ein Ungleichgewicht zu verleihen, das, zusammen mit der Wellenbewegung, dessen Aufrichtung ermöglicht.«

Kopfnicken.

Durch dieses deutliche Anzeichen von Interesse ermutigt, fährt Bruno fort:

»Mit einem dritten Tank im Heckbereich kann man das Boot unterschiedlich stark hecklastig trimmen, können Sie mir folgen?«

Kopfnicken, die Gruppe ist größer geworden, denn in Choshi gibt es nur wenig Unterhaltungsmöglichkeiten.

»Diese Achterlastigkeit«, führt Bruno nun weiter aus, »soll, zusammen mit der Wirkung der beiden Schwerter, die man je nach Bedarf verschieden tief ins Wasser absenken kann, das Heck des Bootes bei schwerem Wetter genau in Richtung der Wellenbewegung halten, genial, nicht wahr?«

Kopfnicken.

Bruno ist zu einer herausragenden Persönlichkeit des hiesigen Hafenlebens geworden. Seine sehr zuvorkommenden Fans lassen uns oft, aber klammheimlich ein Sandwich oder eine Flasche Mineralwasser da.

Wie er es schafft, bei seinen Stadtgängen immer wieder jemanden zu finden, der ihm auch noch das unwahrscheinlichste Ausrüstungsteil anfertigt, bleibt uns verschlossen. Für ihn hat die Umgebung keine Geheimnisse mehr, und der Eisenwarenhändler des Viertels ist zu einem unserer glühendsten Bewunderer geworden. Bei ihm wird Bruno auch die Bekanntschaft einer Madame Takassé machen, einer mit einem Japaner aus Choshi verheirateten Französin, die uns bald tausendundeine Gefälligkeit erweist. Dieses Paar bezaubert uns auf Anhieb: Sie sind die einzigen Einwohner Choshis, die sich trauen, einen völlig verbeulten Wagen zu fahren, ohne deswegen vor Scham in den Boden zu versinken.

Unterdessen hat mir mein Ruf als Kamikaze der Weltmeere die Achtung der Stadtväter von Choshi sowie einige gesellschaftliche Verpflichtungen eingebracht, die manchmal zu surrealistischen Situationen führen können.

»Mögen Sie Austern?« fragt mich – via Dolmetscher – eines Tages mein Gastgeber, der Bürgermeister von Choshi.

Uff, ich hatte schon das Schlimmste befürchtet, als ich mich, so gut es eben ging, vor dem niedrigen Tischchen dieses typisch japanischen Restaurants niederhockte.

Aber das vage Mißtrauen des gebrannten Weltkindes läßt mich den Dolmetscher fragen:

»Wie ißt man sie hier in Japan?«

»Natürlich roh, direkt aus der Schale. Wir sind ja schließlich keine Amerikaner!«

Annähernd beruhigt, kann ich nun meine ganze Aufmerksamkeit auf mein schon weitgehend eingeschlafenes linkes Bein konzentrieren.

Christophe betrachtet mich mit einem albernen Grinsen. Er hat es vorgezogen, sich hinzuknien. Ich werde bis nach dem Essen warten, um mich an ihm zu rächen! Dann werde ich ihn darauf aufmerksam machen, daß diese Stellung den Frauen vorbehalten ist und daß ich zwar die ganze Essenszeit über gelitten, er aber dafür das Vorrecht genossen hat, unsere Gastgeber zu amüsieren. Was für ein Spaß für meinen machiavellistischen Geist, ihm dann bei seinen Verrenkungen zuzusehen, als er die korrekte Stellung einzunehmen versucht!

Nachdem das linke Bein verstaut ist, bekomme ich Probleme mit den Knien, die mich hindern, bis zum Tischrand vorzurücken, da sie mir fast bis zum Kinn ragen. Diskreter Seitenblick zu meinen Nachbarn. Wie schaffen die das denn?

Aber mein ergonomischer Kummer ist nur von kurzer Dauer: Wer unter die Guillotine muß, vergißt seine Hämorrhoiden.

Denn jetzt kommen die Austern. Im ersten Moment traue ich meinen Augen nicht: Das sind ja Monster! Und natürlich bekomme ich als Ehrengast die größte angeboten, die Königin der Austern, die mindestens zwei Kilo wiegt und im Buch der Rekorde einen ganzen Absatz für sich beanspruchen könnte mit ihren riesigen Schalen, die ein hübsches kleines Waschbecken und noch ein Taufbecken dazu abgäben. Sie läßt mich, ob ich will oder nicht, an den Auswurf eines Tiefseemonsters denken.

Ich versuche Zeit zu gewinnen.

»Und wo werden die gefischt?«

»Hier, an der Hafenausfahrt.«

Und während mein Gastgeber zuvorkommend und mit Delikatesse das zweischalige Ungeheuer öffnet, stelle ich mir vor, daß diese Kreatur noch bis vor kurzem Abertausende von Kubikmetern dieser abscheulichen Schlammbrühe mit ihren Kiemenblättern filtrierte.

Ein schneller Blick zu Christophe, der mir gegenüber sitzt und wie mein Spiegelbild aussieht; mit grünem Gesicht und hervorquellenden Augen starrt er auf sein eigenes Biest, seine Stirn ist schweißbedeckt, und sein Adamsapfel wird von nervösen Zuckungen heimgesucht.

Ich rücke ein wenig zur Seite, um aus seiner Schußbahn zu kommen.

Prüfender Rundblick, um eventuelle Entsorgungsmöglichkeiten auszumachen. Da gibt es aber nicht viel, der nächste Blumentopf steht in vier Meter Entfernung. Ob ich ihn wohl noch rechtzeitig erreichen werde?

Meine Nachbarn haben ihre eigenen Scheußlichkeiten inzwischen geräuschvoll hinuntergeschlürft und warten mit ausgesuchtester Höflichkeit darauf, daß wir es ihnen gleichtun.

Christophe setzt nun alles auf eine Karte und versucht ein verzweifeltes Manöver: Er ergreift die Auster mit beiden

Händen, führt die Schale an den Mund, läßt ein lautes Saug-
geräusch ertönen, ohne aber den Schleim mit seinen Lippen
zu berühren, und stellt sie dann ab, um flugs den Deckel
wieder draufzulegen.

Gut gemacht! Es hätte auch funktionieren können, wenn
nicht eine diskrete, aber tüchtige Person die Deckschalen
genau in dem Moment abgeräumt hätte, als Christophe,
dessen Augen nach diesem intimen Monsterblickkontakt
noch immer irre leuchteten, seine Auster absetzt.

Anscheinend verwirrt stößt er seine Teetasse um, ein rei-
nes Ablenkungsmanöver.

Wir müssen die Sache zu Ende bringen. Tief einatmen.
Ich fixiere meine Gegnerin, die Meduse auf dem Grunde
ihres Weihwasserbeckens. Sie weiß offenbar Bescheid und
erwidert meinen Blick, scheint zu erbeben. Wer wird nun
wen verschlingen? Ich traktiere sie mit meinen Essensstäb-
chen, um mich mit ihr vertraut zu machen. Dann denke ich
mir einen Schlachtplan aus, einen Flankenangriff, bei dem
ich vielleicht sogar die weißliche und blaugrüne Masse »vergessen« könnte, die diesen Pfuhl da im Zentrum einnimmt.

Das ist der Augenblick der Wahrheit: die Schale schräg an
den Mund gesetzt, die Augen geschlossen, einen Kloß im
Hals, die Schläfen feucht von Schweiß. Und schon geht's
los, die Meduse kommt ins Rutschen, sie ist bereits unterwegs. Ich habe den Mund schon randvoll, spüre aber, daß
noch mehr als die Hälfte von ihr übrig und draußen ist. Ab-
beißen? Die Aussicht, dann noch einmal von vorn beginnen
zu müssen, hält mich davon ab. Ich entriegle meine Kehle.
Die Avantgarde suhlt sich schon in meinem Magen, während die Nachhut noch in der Schale hängt. Ich ersticke,
weise aber den Gedanken an einen befreienden Rückfluß
von mir.

Endlich spüre ich – gleich einem Kormoran, der einen
Fisch hinunterwürgt –, daß sich erst mein Mund und dann

mein Schlund leert, sehr langsam. Mein Magen krampft sich heftig zusammen, ich stürze mich auf den Tee und verbrenne mich fürchterlich, brühe aber auch diese eklige Kreatur ab, die schon dabei war, ihr neues Territorium zu erkunden. Sie erzittert ein letztes Mal, es ist vorüber.

Christophe beobachtet mich ungläubig. Aber bei dem Gedanken an die ekstatischen Gefühle, die mich beseelen dürften, wenn ich ihn erst so beobachten werde, bin ich wieder mit dem Leben versöhnt.

»Sie nehmen doch sicher noch eine?« fragt der Bürgermeister.

Der Dolmetscher fügt heimtückisch hinzu:

»Das ist hier der Brauch.«

Ich stelle mir die monströse Kopulation vor, zu der es in meinem Inneren käme, wenn ich dort ein Männchen und ein Weibchen zugleich beherbergte. Das geht nun aber wirklich zu weit. Ich versuche den Affront zu mildern, indem ich den einen Brauch gegen den anderen ausspiele, und wähle einen Ton, der keinen Widerspruch erlaubt:

»Nein, danke. Sehen Sie, bei uns in Frankreich ißt man *nie* mehr als eine Auster pro Tag.«

In puncto Wetter gleicht ein Tag dem andern. Ein lauwarmer, dichter Regen geht über der Stadt nieder, Stunde um Stunde. Die Expedition fährt sich fest. Unsere Gruppe zerfällt in zwei Teile. Da sind die, die vor Arbeit nicht ein und aus wissen, und die, die überhaupt nichts zu tun haben. Christophe, François und Bruno kämpfen an allen Fronten zugleich, an der technischen wie an der Verwaltungsfront. Die beiden ersteren tragen in den Büros und Boutiquen von Tokio ihren tapferen Kampf aus und verlieren dabei ihre Zeit und Gelassenheit; Bruno hingegen löst all die kleinen Probleme, die sich an Bord der *Sector* stellen. Und die anderen? Sie sind nach der Hochstimmung der ersten Tage der begrenzten Reize Choshis schon sehr überdrüssig geworden. Das ist hier eben nicht das Japan des Sightseeing und Shopping.

Mein Starttermin wird immer ungewisser, und so schlage ich einigen vor, sie könnten nach Frankreich zurückkehren. Zeter und Mordio, heftige Proteste. Kommt überhaupt nicht in Frage, zuerst diese ganze Reise zu machen und dann wieder abzufahren, ohne mich bei der Abfahrt zu interviewen und zu fotografieren. Ich lasse mich überzeugen und bin deswegen sehr überrascht, als dieselben Leute wenige Tage später beschließen, daß es nun höchste Zeit für sie sei, ihre Zelte abzubrechen. Der ständige Nieselregen, die trübselige Szenerie und diese unerträgliche Warterei haben wohl einiges an Nerven gekostet. Laurent muß sich ihnen leider anschließen: Er war für bloße acht Tage nach Japan gekommen und ist nun schon drei Wochen hier. Außerdem heiratet er in zwei Tagen!

Manchmal lasse ich mich zum Leuchtturm fahren, der die Klippen nahe der Hafeneinfahrt beherrscht. Wir machen ein paar Witzchen, und ich posiere für ein Foto, die Arme in Richtung Amerika ausgestreckt. Aber ich bin nicht mehr mit dem Herzen dabei. Zwischen den wilden Lachanfällen, die mir die Kraft zum Weitermachen geben, nagt der Zweifel an mir.

Am klügsten wäre es wohl, meine Pazifiküberquerung auf das nächste Jahr zu verschieben. Aber ich stehe schon zu lange am Sprungbrett vorn, und je mehr sich das Warten in die Länge zieht, desto weniger Lust habe ich auch, die Leiter wieder hinabzuklettern. Um den Vergleich zu Ende zu denken, müßte man sich ein Sprungbrett vorstellen, das ständig höher und höher wird und so den Sprung in die Tiefe immer gefährlicher werden läßt.

Ich hüte mich sehr, den Gedanken an eine Verschiebung laut auszusprechen. Denn das hieße, mich mit dieser Möglichkeit anzufreunden, sie grundsätzlich zu akzeptieren, obgleich doch alles in mir an den Aufbruch glauben will. Schon seit Monaten praktiziere ich, ohne mir dessen bewußt zu sein, diesen Prozeß der Selbstmotivierung, der allein mir erlauben wird, die Sache durchzustehen. Schon seit Monaten denke ich, obwohl ich die gewaltigen Anforderungen klar vor mir sehe, die diese Überquerung an mich stellen wird, nur an deren glückliches Ende, an die Ziellinie. Schon seit Monaten gehöre ich eigentlich nicht mehr ganz zu dieser Welt, richtet sich all mein Sinnen auf dieses eine Ziel, erlaube ich mir keine anderen Gedanken mehr. Ich bin nicht in den Startblöcken – nein, eigentlich bin ich schon in dem Moment gestartet, da mein Projekt Gestalt annahm.

Wenn es mir um einem Ehrenplatz im Buch der Rekorde ginge, wäre ich natürlich besser beraten, bei meiner Überquerung ein möglichst geringes Risiko einzugehen. Aber mir liegt nun mal wenig daran, meinen Namen neben dem des kleinsten Mannes der Erde oder des Rekordhalters im Weißwurstessen wiederzufinden. Mein einziges Publikum, das bin ich. Nur um meinetwillen mache ich das. Ich bin mein einziger Zuschauer und der einzige, dessen Meinung für mich wirklich zählt. Denn niemand anderes als ich selbst wird den wahren Preis meines Sieges kennen.

Als ich mich dieser Herausforderung stellte, habe ich mich zu einer Leistung verpflichtet, die mir zwar gerade noch machbar erschien, aber weit über meine bis dahin angenommenen Grenzen hinausging. Sollte ich mich nun selbst betrügen? Noch ist diese Überquerung ja möglich – sollte ich da hergehen und meine innersten Motivationen verraten, indem ich die Fahrt auf das nächste Jahr verschob, und das nur deshalb, weil sie dann leichter wäre und niemand außer mir den Unterschied bemerken würde?

So schiebe ich Tag um Tag meine Deadline weiter hinaus, erkläre heute ein Datum zu meinem endgültigen Starttermin, das mir gestern noch als eine Tollheit erschien.

5. Juli. Der Himmel scheint sich mir gnädiger erweisen zu wollen, die Wettervorhersage stimmt, und Georges hat gerade ein neues Telex installiert, eines, das funktioniert. Ich halte mein Ausreisevisum in Händen.

Am Nachmittag fährt Mitsuru ein letztes Mal mit mir zum Kap Inubosaki. Das Meer ist ruhig, es geht ein schwacher Wind. Mein Blick verweilt lange am Horizont, wo ein paar Schiffe wie festgenagelt stehen. Beim Besuch in der Wetterstation bekomme ich die Bestätigung, daß das schlechte Wetter nach Nordjapan abzieht und für die nächsten Tage kein Umschlag zu befürchten ist. Ich fülle erneut eine Ausreiseerklärung aus.

Auf dem Weg zum Hafen bitte ich Mitsuru, mich bei einem Friseur abzusetzen. Ich lasse mir die Haare schneiden und mich sorgfältig rasieren. Eine Art symbolischer Handlung: auch mein Äußeres muß tadellos sein, wenn der große Kampf beginnt. Der Friseur hat mich erkannt und verlangt als einzige Bezahlung zwei Autogramme. Der pragmatische Mitsuru schätzt den aktuellen Kurs meiner Autogramme auf 500 Yen (6,– DM) pro Stück und fragt sich, wieviel sie wohl in ein paar Monaten wert sein werden!

Für meine letzte Nacht an Land ziehe ich mich in ein kleines Holzhaus zurück, das mir die Takassés zur Verfügung gestellt haben. Ein Rest Whisky und ein paar Stechmücken leisten mir Gesellschaft. Meine Sachen sind gepackt: der große Seesack, der nach Frankreich zurückgeht und mit Kleidern vollgestopft ist, die für immer mit dem pestilenzartigen Gestank des Hafenwassers imprägniert sind, und der kleinere, den ich mitnehme. Alles ist bereit.

Bis 1 Uhr morgens schreibe ich drei Dutzend Postkarten und Briefe; es fällt mir schwer, die richtigen Worte zu finden.

Anruf bei Cornélia – ich versuche, Sicherheit und Ruhe auszustrahlen, und erzähle, daß das schöne Wetter wiedergekommen und mein Boot endlich startklar ist, daß ich ein ganz neues Telex habe und ihr oft Nachricht geben werde. Sie läßt sich nicht täuschen. Wie könnte ich auch die Wirkung dieses schrecklichen Satzes »Ich fahre morgen« abschwächen?

Dieser stille, einsame Abend in meinem Puppenhaus hat etwas von der Nachtwache eines Soldaten an sich.

Eine lange und furchterregende Bewährungsprobe wartet auf mich. Nicht die See liegt vor mir, sondern der Ozean. Ich wähle mit Bedacht den Begiff männlichen Geschlechts, denn für mich ist er der Name meines Gegners. Ich fahre nicht auf die See hinaus, ich ziehe in den Kampf. Und wie ich so im Halbdunkel warte, habe ich das Gefühl, meine Batterien aufzuladen, mich auf mich selbst zurückzuziehen, mich zu konzentrieren und zu sammeln wie ein Boxer in seiner Ecke, bevor der Gong zur ersten Runde ertönt. Ich muß mich auf eine fürchterliche Bewährungsprobe gefaßt machen, und diese letzte Vorbereitungsphase erfordert meine ganze Konzentration. Ich brauche diese Ruhe, das haben meine Freunde sehr wohl gespürt; sie werden die ganze Nacht in der Nähe der *Sector* bleiben.

Meine Art, der Einsamkeit zuvorzukommen. Bevor sie von mir Besitz ergreifen kann.

3.
Vor mir: eine gewaltige Leere

11. Juli, 5 Uhr morgens.

Ein seltsam ruhiger Christophe parkt den Wagen gegenüber der *Sector*. Wir haben unterwegs kaum ein Wort miteinander geredet.

»Eine Stimmung wie beim Schulanfang nach den Ferien.«

»Ja, sogar fast wie bei der Rückkehr ins Internat.«

Auf dem Kai werde ich von etwa drei Dutzend Leute erwartet. Major Blanvillain und ein paar andere Franzosen sind von Tokio gekommen, um bei meinem Start dabei zu sein. Zum Glück sehe ich nur wenige Kameras und Fotografen.

O dieser Bruno! Er hat die letzte Nacht genutzt, um noch einmal den Rumpf zu säubern. Das Boot ist jetzt blitzblank. An der Funkantenne flattern die französische Trikolore und die aufgehende Sonne Japans, ganz wie es sich gehört.

Jeder versucht seine Gefühle zu verbergen, so gut er kann. Die Luft ist eh schon feucht genug, die Atmosphäre gespannt und lastend. Ich mache es lieber kurz:

»Entschuldigen Sie, ich bin spät dran und habe noch einen weiten Weg vor mir.«

Bevor ich an Bord gehe, bitte ich Christophe und Bruno, die erste Seite meines Logbuchs zu signieren. Ich hoffe darauf, daß sie auch die letzte signieren werden, drüben am anderen Ende, wenn alles gutgeht. Die Augen sind feucht, und Blicke ersetzen die Worte, die uns nicht mehr über die Lippen wollen.

Klar bei Riemen! Ein Winken, ein Lächeln, die zuversichtlich wirken sollen, und nun an die Arbeit. Die Augen in die Weite, ins Leere gerichtet, um den Blicken der anderen auszuweichen, steuere ich mein Gefährt aus dem Hafenbecken hinaus und pulle dann ruhig über die grauen Fluten des Tone River. Der Ebbstrom des Tidengewässers erfaßt die *Sector*, und schon gleitet sie mühelos der Flußmündung entgegen. Trotzdem kann ich nicht umhin zu denken, als ich gleichmäßig die Ruder durchziehe: »Sie ist verflucht schwer, verflucht schwer, und wenn ich mir vorstelle, daß ich von nun an dieses ganze Gewicht pullen muß...«

Als ich den letzten Wellenbrecher passiere, hole ich die Antenne und die Flaggen ein. Die *Sector* hat ihr Meergesicht angenommen.

Meine Freunde begleiten mich auf einem Fischerboot hinaus, halten dabei aber immer einen diskreten Abstand ein, weil sie wissen, daß ich eigentlich schon allein bin. Um 17 Uhr schließen sie auf meine Höhe auf und stoppen dann ihr Boot. Ich betrachte eindringlich ihre Gesichter, als ob ich einen letzten und trügerischen Vorrat an Erinnerungen tanken wollte. Ein paar Gesten des Abschieds, aber schon sind sie weit weg und wenden ihr Boot.

Ich begegne einigen nach Choshi heimkehrenden Fischkuttern, die gleichgültig an mir vorüberfahren. Diese Fischer hat die Kunde vom Projekt des verrückten *Gai jin*, des Ausländers, wohl noch nicht erreicht.

An der Flußmündung schließt die *Condor* zu mir auf, ein Segler, der wie alles, was das Pech hat, in diesen Gewässern zu schwimmen, ein bißchen verdreckt wirkt. Der unermüdliche Kapitän Yagi, der mir in Choshi eine wertvolle Hilfe war, hat Mitsuru eingeladen, mich an Bord seines Schiffes etwa zehn Meilen weit aufs Meer hinauszubegleiten. Ein letzter Blick, ein letztes Adieu. Endlich ist der Augenblick der Wahrheit gekommen. Seltsamerweise empfinde ich ein Gefühl der Erleichterung.

Der Steuermann eines in See stechenden Segelschiffes neigt dazu, sich schnell von dem zurückbleibenden Land zu lösen. Den Blick aufs offene Meer gerichtet, sieht er vor seinem inneren Auge, jenseits des Horizonts, bereits die Küsten auftauchen, denen er entgegenfährt. Ich armer Ruderer hingegen bin mit meinem rückwärtsgewandten Blick dazu verurteilt, jeden Meter zu durchleben, den mich meine langsamen Ruderschläge von der Küste entfernen. Aber wie damals am Cape Cod, vor genau elf Jahren und einem Tag, kommt mir auch diesmal der Nebel zu Hilfe und gewährt mir die Gunst, das Land schon lange vor der Zeit meinen Blicken zu entrücken.

Endlich habe ich Zeit nachzudenken. Mir wird mit einem Mal klar, wie sehr der letzte Monat an meinen Nerven gezehrt hat, weil ich immer aktiv und zu neuen Aktivitäten bereit und, wie ein schußbereiter Pfeil auf die Zielscheibe, ganz auf diesen Aufbruch ausgerichtet war. Meine Gedanken wandern zu meiner Familie, der ich vor nunmehr fünf Wochen Lebewohl gesagt habe, zu jenem nächtlichen Telefongespräch mit Cornélia und zu Guillaume und Ann, die bei ihr dort drüben sind, beinahe am anderen Ende der Welt, und von denen mich jeder Ruderschlag noch weiter entfernt, unmerklich. Wenn ich erst mal die Datumsgrenze überquert habe, etwa in der Mitte meiner langen Reise, werde ich ihnen wieder näher kommen, langsam, so langsam.

Ein paar Schiffe, die in einigem Abstand an der Küste entlangfahren, kreuzen meinen Kurs. Gott sei Dank ist die Gefahr, im Verlauf der Überquerung mit irgendeinem Frachter zu kollidieren, praktisch gleich null. Mitten auf einem so weiten Ozean wie dem Pazifik, wo sich der Schiffsverkehr beträchtlich verteilt, riskiere ich kaum, mich plötzlich einem Tanker oder einem Containerschiff gegenüberzusehen. Im übrigen würde auch ihre Bugwelle, wenn sie in voller Fahrt auf mich zukämen, die *Sector* wie einen Korken beiseite schieben.

Ich weiß aus Erfahrung, daß jedes Wasserfahrzeug, das so niedrig ist wie das meine, schon beim geringsten Wellengang für andere Schiffe praktisch unsichtbar wird. Deshalb habe ich auch in die Halterung der Telexantenne an der vorderen Cockpit-Steuerbordwand den Bootshaken mit einem Radarreflektor an der Spitze gepflanzt, einem mit Aluminiumzellen gefüllten Zylinder, der mein Echo auf den Radarschirmen herannahender Schiffe verstärken soll. Außerdem verfüge ich über einen kleinen Detektor, der ein Warnzeichen ertönen läßt, sobald er den Peilstrahl eines Radargeräts auffängt, das in einem Umkreis von zwei bis drei Seemeilen operiert.

Wie auch immer, ich muß jedenfalls während der nächsten Tage noch sehr auf der Hut sein, und höchste Vorsicht ist auch in einigen Monaten wieder geboten, sobald ich der amerikanischen Küste näherkomme. Zum damaligen Zeitpunkt weiß ich allerdings noch nicht, daß ich dort Wetterbedingungen vorfinden werde, bei denen sich kein Schiff mehr aufs Meer hinauswagt.

Jetzt werfe ich einen kurzen Blick auf den an der hinteren Cockpitwand angebrachten Anzeiger des Speedometer-Logs, das meine Fahrt durch das Wasser sowie die bereits zurückgelegten Seemeilen anzeigt. Schon habe ich meinen Reisetakt gefunden, 17 Ruderschläge pro Minute. Ich mache gemächliche 1,8 Knoten, das Tempo eines Fußgängers.

Nun ist es Zeit, mir eine Pause zu gönnen und zu Mittag zu

essen. Ich mache eine Eintragung in mein leinengebundenes Logbuch, das ich als Zeugen und Gedächtnis dieser Überquerung wie meinen Augapfel hüten werde:

13.30 Uhr. Endlich allein, ziemlich aufgewühlt; stelle mir vor, was Christophe und Bruno jetzt tun. Das ist noch ein Rest Verbindung mit der Welt der Lebenden, der sich jedoch bald verlieren wird. Vor mir: eine gewaltige Leere...

11. Juli, abends. Eine böse Überraschung. Ich habe gerade auf nordöstlichem Kurs meine ersten fünfzehn Seemeilen, also fast achtundzwanzig Kilometer, hinter mich gebracht, da dreht der Wind auf Ost. Aufgrund der Wettervorhersage hatte ich eigentlich das Gegenteil erwartet. Dieser Gegenwind bläst mich zur Küste zurück und droht sogar, wenn er auffrischt und anhält, mich in die Startbox zurückzuschicken. Was für ein demütigender Gedanke!

Seit zwölf Stunden an den Riemen! Ich bin von der Anspannung des Aufbruchs und all den Anstrengungen der letzten Tage noch ganz erschöpft und übermüdet und muß mich jetzt unbedingt ausruhen. Ich bringe daher meinen großen Treibanker aus. Das ist ein kegelförmiger Schleppwiderstand aus kunststoffbeschichteter Leinwand, mit einem Durchmesser von 80 Zentimetern, der am Bug oder Heck festgemacht wird und die Abdrift verringern soll.

Als ich dann auf meiner Pritschen-»Koje« liege, spüre ich schmerzhaft, wie der Treibanker in der hohlen See immer wieder ruckartig am Boot zerrt. Jedesmal wenn eine Welle unter der *Sector* durchläuft und sie emporhebt, spannt sich das Ankertau mit einem Schlag und reißt das Boot brutal nach hinten. Und beim Zurückfallen prallt es mit seinem flachen Boden hart aufs Wasser – als ob es Prügel bekäme. Ein Gefühl wie auf der Pritsche eines Lastwagens, der über eine holprige, mit Schlaglöchern übersäte und von Radspuren durchfurchte afrikanische Piste fährt; ich kann einfach keinen Schlaf finden.

Ein Schiff ohne Mängel? Das wäre der berühmte weiße Rabe. Es gibt kein perfektes Boot. Vor allem das meine, das speziell für diese Überquerung konzipiert und entworfen wurde, ist es nicht. Denn es sollte sowohl leicht sein als auch solide und bei ruhiger See genauso gut zu handhaben wie bei schwerem Wetter; es sollte ziemlich schmal sein und einen geringen Freibord haben, um mir das Rudern zu erleichtern, auf einen festen Ballast verzichten und doch fähig sein, sich nach einer Kenterung aufzurichten. Es sollte hinten eine wasserdichte Kajüte haben, die vor Wind und Wetter Schutz bietet, und vorn einen ebenso wasserdichten Stauraum, in dem ich Vorräte für sechs Monate unterbringen kann. Und das alles, ohne ein manövrierunfähiges Ungeheuer zu werden.

Die Konstruktion eines seetüchtigen Ruderbootes, scheinbar eine leichte Aufgabe, stellt in meinen Augen eine kleine Meisterleistung des Schiffbaus dar.

Es hätte mir großen Spaß gemacht, die *Sector* vom ersten Entwurf auf dem Reißbrett bis zur Montage des letzten Beschlags selbst zu konzipieren und zu bauen, so wie bei der *Capitaine Cook*.

Aber aus Zeitmangel vergab ich den Auftrag dann doch an einen professionellen Konstrukteur, und zwar an Jean Berret. Gegenüber einem Handwerker wie mir hat der Konstrukteur den Vorzug, mit einem Computer zu arbeiten. Alle aus dem Riß hervorgehenden Maße für die Schablonen, die man zur Fertigung der Arbeitsformen des Bootes benötigt, werden auf Diskette gespeichert. Diese Daten muß der Konstrukteur nur noch in einen Laserschneider eingeben, der dann die Schablonen ausspuckt. Mit deren Hilfe lassen sich die Formen für den Bau des Rumpfs, des Decks und der Aufbauten schnell und sehr präzise herstellen.

Sehr zu meiner Überraschung zeigte der Linienriß, den mir Berrets Konstruktionsbüro dann schickte, eine moderne Rumpfform mit einem ausgeprägten Plattboden. Meine alte *Capitaine Cook* hatte noch einen klassischen V-Spant-Rumpf, ähnlich wie die Walfang- oder Beiboote des 19. Jahrhunderts, und ich neige eigentlich zu der Annahme, daß es seit damals auf dem Gebiet der seetüchtigen Ruderboote nicht mehr viel zu erfinden gibt. Sollte ich da zu traditionsverhaftet denken? Die Konstrukteure von heute sind daran gewöhnt, leichte Hochgeschwindigkeitsyachten zu entwerfen, bei denen flache Bodenformen natürlich gerechtfertigt sind. Aber ob das auch in meinem Fall zutraf? Da war ich doch skeptisch.

Leider bestätigen die wilden Stöße in dieser Nacht meine damalige Intuition. Im weiteren Verlauf der Reise stellt sich heraus, daß diese abgeplattete Form nicht nur die Quelle mancher Unbequemlichkeit ist, sondern auch dem Boot in stürmischer See viel von seiner Fahrt nimmt, weil der Bug nach jeder großen Welle hart aufs Wasser klatscht, statt es zu durchschneiden. Aber jetzt ist nicht der Moment, nachzukarten und die *Sector* zu schmähen. Ich muß sie nehmen, wie sie ist, und sie einfach voranbringen.

12. Juli. Um 3.30 Uhr auf den Beinen. Der zweite Tag meiner Überquerung kündigt sich unfreundlich an: noch immer dieser verfluchte Ostwind und dazu eine bösartige Kabbelsee, bei der ich mich für jeden lächerlichen Meter hart in die Riemen legen muß. Nicht lang und ich merke, daß ich auf der Stelle trete. Der Not gehorchend mache ich an der Boje eines Fischernetzes fest, auf das ich zufällig stoße. Aber mein Glück ist nur von kurzer Dauer: Ein paar Stunden später kommt ein Boot, um das Netz einzuholen, und scheucht mich armen Parasiten zur Seite.

Am Abend vertäue ich den Treibanker zur Abwechslung mal am Vorsteven, um weniger durchgerüttelt zu werden. Aber es wird auch so eine lebhafte Nacht. Stürmische Ostwinde, heftige Gewitter, Blitze, sintflutartiger Regen. Ich bleibe im Schutz meines Kabäuschens und riskiere lieber, diesen Fallschirm, der mir als Treibanker dient, zu zerfetzen als ohne ihn unaufhaltsam zur Küste zurückzudriften.

Als die Nacht zu Ende geht, eine böse Überraschung: In kaum fünf Meilen Entfernung – die Küste! Ich kann ganz deutlich die Lichter der Stadt und die Autoscheinwerfer sehen. Ich hole den Treibanker ein, lege mich wieder in die Riemen, kämpfe um jeden Meter, schaffe aber nicht mehr, als die Abdrift zu kompensieren. Über kurz oder lang werden meine Kräfte nachlassen, werde ich wohl an den Strand zurückgeworfen werden.

Der Tag bricht an. Eine schmuddelige Dämmerung enthüllt mir diese unheilvolle Küste, die ich, die Hände an die Riemen geschweißt, voller Zorn betrachte. Mir kommt es vor, als ob die See noch hohler würde, ein Zeichen, daß ich in die flachen Küstengewässer zu geraten drohe. Ich kämpfe mit der Kraft der Verzweiflung dagegen an, gerate außer mir vor Wut bei dem Gedanken, daß meine Überquerung hier schon und auf die herzzerreißendste Weise ein Ende fände. Ich mache mir wegen der paar Stunden Schlaf, die ich mit gönnte, die bittersten Vorwürfe – aber wie hätte ich denn ohne Schlaf durchgehalten?

Und dann, gegen 10 Uhr morgens, hat der Himmel Mitleid mit mir: eine Aufheiterung, der Wind flaut genauso schnell wieder ab, wie er aufgefrischt hatte; nach und nach bleibt das Land zurück und verschwindet dann endlich im Nebel.

Am Spätnachmittag zeigt die unten am Rumpf montierte Sonde an, daß sich die Wassertemperatur sehr schnell erhöht. Zwischen 15 und 19 Uhr steigt sie von 18° auf 25°.

Diese Erwärmung ist ein sehr gutes Zeichen: Ich habe also den *Kuroschio* erwischt, jene warme Meeresströmung, die südlich des japanischen Archipels entsteht, um sich später im Nordpazifik aufzufächern, und das pazifische Gegenstück zum Golfstrom darstellt, der mich einst im Nordatlantik huckepack nahm. Diese Strömungen sind beileibe keine breiten und gradlinigen Warmwasser-Boulevards, sondern Bündel von riesigen Schlangen, die sich über Hunderte von Seemeilen dahinwinden. In diesem Bereich fließt der Kuroschio mit der für eine Meeresströmung enormen Geschwindigkeit von etwa 3 Knoten von Südwest nach Nordost. Ich werde einige Tage lang aufs beste von ihm profitieren: Er vervierfacht meine Geschwindigkeit. Für etwa anderthalb Wochen bin ich in seinem Einzugsbereich, steure aber mehrfach aus den gewaltigen Mäandern hinaus, die er beschreibt.

Am Abend frischt der Wind auf und dreht nach Norden; er bläst nun fast entgegen der Stromrichtung. Eine solche Situation bringt eine steile, sehr chaotische See hervor. In der Nacht werde ich Zeuge eines phantastischen Schauspiels: Die Kämme der sich kreuzenden, gegeneinander anstürmenden Wogen erstrahlen von einem phosphoreszierenden Leuchten. Der wie elektrisierte Ozean versprüht wahre Funkengarben. Millionen von teils mikroskopisch kleinen Lebewesen rufen, als eine Art maritimer Glühwürmchen, diese Lumineszenzerscheinung, dieses »Meerleuchten« hervor.

Ich lasse die *Sector* vor dem Sturm lenzen und laufe, vom Treibanker stabilisiert und auf Kurs gehalten, vor den Wellen ab. Es ist Zeit, mich in die Kajüte zurückzuziehen. Aber kaum habe ich mich auf meiner Liege ausgestreckt, als schon die Erinnerung an meine alte Bordroutine mit ihren geheiligten Regeln in mir wach wird, die ich mir vor elf Jahren auf der *Capitaine Cook* angewöhnt hatte. Regel Nummer eins: Leg dich nie in die Koje, ganz gleich bei welchem Wetter, ohne vorher Deck und Vorschiff zu inspizieren und sicherzustellen, daß alles für eine eventuelle nächtliche Kenterung vorbereitet ist. Du hast zwei Paar Ruder innen, unter dem Cockpit, verstaut – aber wie steht es mit dem an Deck, ist es auch wirklich gut festgemacht? Sind die Schapps im Cockpit klar? Ich habe das alles sicher schon ein Dutzendmal überprüft, bevor ich in die Kajüte steige, aber ein leichter Zweifel bleibt bestehen. Ich ziehe mein Ölzeug wieder an und zwänge mich zur erneuten Kontrolle hinaus. Die Netze, die meine Lebensmittel in den oben offenen Bodenkästen des Vorschiffs sichern, sind ordnungsgemäß festgezurrt; ich ziehe sie trotzdem noch ein bißchen strammer.

Diese See gefällt mir absolut nicht: Wenn die Lebensmittel bei einer Kenterung ins Rutschen kämen, könnte ich das Boot unmöglich wieder aufrichten. Um Gewicht zu sparen, wurde die *Sector* ohne Ballastkiel oder integrierten Ballast gebaut. Ich muß natürlich immer mit einer Kenterung rechnen. Dafür ist mein spezielles Ballastsystem vorgesehen: Ich kann mit einer kleinen, längs der Liege angebrachten Handpumpe und einigen regelbaren Ventilen etliche Ballasttanks ganz nach Belieben mit Meerwasser füllen bzw. wieder entleeren.

Ich benötigte eine Konstruktion, mit der ich das Wasser sowohl am Rumpf als auch – wenn das Boot umgeschlagen war – am Kabinendach ansaugen, ja, es sogar von einem Tank in den anderen umdirigieren konnte und die gleichzeitig erlaubte, die Tanks beim Entleeren oder Füllen zu be- oder entlüften. Eine harte Nuß, die zu knacken Bruno so manchen Tag gekostet hat. Denn diese Vorrichtung mußte auf kleinstem Raum untergebracht werden, hundertprozentig zuverlässig und mit geschlossenen Augen zu bedienen sein – und das in einem gekenterten Boot und sogar bei Wassereinbruch.

Der noch in Frankreich durchgeführte Test hat bei mir sehr gemischte Gefühle hinterlassen. Damals wurde das Boot mittels eines Krans auf den Rücken gelegt. Ich kauerte, in äußerst unbequemer Haltung, in meiner hermetisch verschlossenen Kabine, betätigte die Pumpe, um einen der Tanks zu füllen, und hoffte, die *Sector* dadurch aufrichten zu können. Aber weit gefehlt! Unmöglich, sie zum Kippen zu bringen. Bruno mußte unter das Boot tauchen und ihm helfen, sich ganz aufzurichten. Ob dieses Manöver viel Kraft erforderte, wollte ich danach wissen. Brunos Antwort beruhigte mich nur halb: nicht mehr als zehn Kilo.

Ich blieb trotzdem ziemlich ratlos. Mir wäre lieber gewesen, die *Sector* hätte sich von allein wieder umgedreht. Mir kam ihr aufrichtendes Moment zu gering vor. Natürlich sagte ich mir, daß die noch an Bord zu nehmenden 160 Kilo Lebensmittel, mit ihrem eher bodennahen Schwerpunkt, die Situation verbessern würden, und vor allem, daß dieser Test im ruhigen Wasser eines Hafenbeckens und somit unter äußerst ungünstigen Bedingungen durchgeführt worden war. Meine echten Kenterungen würden sich aber nicht auf einem stillen See, sondern im stürmischen Meer abspielen; und dort würde mir beim Wiederaufrichten meines Fahrzeugs der Druck der Wogen behilflich sein. Als ich damals aus dem Boot kletterte und die Blicke der anderen auf mir lasten fühlte, setzte ich ein Lächeln auf, das zuversichtlich wirken sollte. Aber alle um mich herum hüllten sich in Schweigen.

Drückende Hitze. Wieder in der Kajüte, lasse ich das Luk zum Cockpit auf. Eine wahre Sauna. Ich liege meist halb ausgestreckt auf der Pritsche – wenn ich nicht gerade mit eingezogenem Kopf dasitze oder hocke oder verzweifelt nach einer Zwischenstellung suche, die mich dazu zwingt, mich wie ein Schlangenmensch zu verrenken. Das macht einen auf die Dauer ganz fertig. Aber heute ist mir diese Enge ein Klacks im Vergleich zu der Hitze, unter der ich hier drin leide.

Ich döse vor mich hin, bin völlig abgestumpft von der fast tropischen Feuchtigkeit, kann aber trotzdem nicht einschlafen, weil mich die wilden Stöße des Bootes durchschütteln, das wie ein Rodeopferd nach allen Seiten bockt. Jedesmal, wenn der Treibanker brutal an der *Sector* zerrt und ihr Heck sich mit gewaltigem Klatschen ins Wasser bohrt, vibriert und dröhnt sie wie eine riesige Trommel.

Das Luk läßt kaum Luft herein, aber bei einem Wetter wie diesem kann ich die Kabinentür unmöglich offen lassen.

23.00 Uhr: wilde Kenterung. Ungefähr 50 Liter durchs Bullauge eingenommen, ein Chaos in der Kajüte, viel zu viele kleine Objekte, die hier spazierenfahren. Angst.
Bis ich das Bullauge geschlossen hatte, war ein ganzer Schwall Wasser hereingeschossen. In der Dunkelheit kämpfe ich gegen einen Haufen Plunder an. Die Kabine ist vollgepfropft mit tausend Dingen, die noch keinen endgültigen Platz gefunden haben: aufs Geratewohl mitgenommenen Landkleidern, am Vorabend der Abreise eingeladener Frischverpflegung, einem Schlafsack. Ein schreckliches Gefühl, in diesem gekenterten Boot eingeschlossen zu sein – wie in einer laufenden Waschmaschine.

4.

»Rowing boat calling Okera«

So bald schon!

Bereits am zweiten Tag der Überquerung bin ich vor die entscheidende Frage gestellt: Wird es mir gelingen, die *Sector* wieder aufzustellen?

In der völligen Dunkelheit versuche ich eine feste Position zu finden und schiebe erst mal alles beiseite, was mir im Weg ist. Dann kommen die immer wieder gedachten und geübten Handgriffe, mit geschlossenen Augen, automatenhaft: fünftes Ventil, das fürs Dach in Ansaugstellung, drittes, das für den Steuerbordtank in Füllstellung, Entlüftung auf – und ich pumpe und pumpe, hundert, hundertfüfzig Schläge, bis der Tank voll ist. Das ist der Augenblick der Wahrheit, mein Herz schlägt immer schneller. Ein Brecher rast heran, ich lege mein ganzes Gewicht nach Steuerbord – da ist es auch schon passiert: Meine kleine Welt kommt erneut ins Kippen und richtet sich endlich wieder auf!

Ich entleere den Ballasttank, lege meine Kajüte trocken und bringe dann eine vorläufige Ordnung in meinen Mikrokosmos. Ich hatte nicht damit gerechnet, so schnell zu kentern. Der Pazifik hat mir soeben eine erste Ohrfeige verabrecht. Ich nehme sie wie eine Liebkosung entgegen: Es funktioniert!

Diesen Saustall richtig aufzuräumen wird Stunden dauern. In der Kiste mit dem Radardetektor steht das Wasser; ich muß den Apparat auseinandernehmen und mit Süßwasser reinigen und hoffen, daß er dann wieder funktioniert. Danach alle herumfahrenden Objekte verstauen, die Kleider in einen Sack stecken, den ich unter die Liege zwänge. Bei diesen beengten Verhältnissen werde ich ständig aufräumen müssen, bis alles und jedes seinen Platz gefunden hat, so daß ich es, ohne suchen zu müssen, ganz instinktiv wiederfinde. Das Chaos dieser Nacht soll mir eine Lehre sein.

Vor genau elf Jahren, am 14. Juli 1980, war die See ruhig und der Himmel klar über der Georgebank. An meiner Antenne flatterte die französische Trikolore. Es war bereits mein vierter Tag auf dem Atlantik. Auch damals war ich mit Verspätung aufgebrochen, aber die zurückzulegende Strecke war nur halb so lang. Bei dieser Gelegenheit probierte ich eine neue Technik des Romanlesens aus: Während ich ruderte, schlug ich mit den Zehen die Seiten des auf meiner Fußstütze plazierten Buches um. Eine Flasche Mouton-Rothschild, Jahrgang 1978, bildete den würdigen Abschluß jenes einsamen Nationalfeiertags.

Heute ist alles grau in grau. Kein Delphin, kein Vogel belebt die triste Szene. Inmitten der blaugrünen Wasserwüste verliere ich mich in nostalgischen Erinnerungen an den Golfstrom, an dieses Meer mit seinem leuchtenden, tiefen, schimmernden, fast mediterranen Blau. Der Atlantik war von einer Schönheit, die ich nie vergessen werde. Hier dagegen trete ich in eine eintönige, häßliche Welt ein.

Am 15. Juli hellt sich der Himmel endlich auf. Aber der Wind, der noch immer gegen den Strom bläst und das Meer aufpeitscht, spottet mit seinen konträren Seen jedem Versuch, mit den Rudern Fahrt zu machen. Ich schäme mich ein bißchen, weil ich ohne mein Zutun so schnell vorankomme, nur vom Kuroschio mitgerissen, der sich ja nie ausruht. Er ist wie ein Laufband für mich. Hoffentlich bleibt er mir lang erhalten!

Im Lauf des Nachmittags verschleiert sich der Himmel und nimmt eine milchige weiße Färbung an. Hohe Wolken.

Deutliches Vorzeichen für ein sich annäherndes schönes Tief. Das sollte mich freuen, denn so ein kleiner Wind aus Südwest oder West käme mir jetzt sehr gelegen.

Neben den transozeanischen Strömungen sind die Tiefs das zweite Angebot der Natur, das es für eine schnelle Überquerung zu nutzen gilt. Meine schwächliche Motorik an den Riemen macht mich sehr verwundbar, denn ich kann weder hoch an den Wind gehen und kreuzen wie ein Segler noch gegen das Meer ankämpfen wie der Steuermann eines Motorschiffs. Dafür kann ich, wenn die Elemente mir geneigt sind, ihren Effekt auf die Geschwindigkeit meines Bootes nicht nur addieren, sondern multiplizieren.

Auf der Nordhalbkugel umkreisen die Winde ein Tiefdruckgebiet entgegen dem Uhrzeigersinn; sie stürzen sich wie Wasser, das durch einen Ausguß abfließt, in dessen Kern, um ihn aufzufüllen. Da sich dieser Wirbel von West nach Ost bewegt, stellt er mich, der ich in dieselbe Richtung will, immer vor dasselbe Problem: Wenn ich den nördlichen Saum der Spirale erwische, blasen mir die Ostwinde ins Gesicht und treiben mich zurück; kann ich aber zum südlichen Rand durchwitschen, greifen mir freundliche Westwinde unter die Arme. Das kann von ein paar Seemeilen hin oder her abhängen. Deshalb muß ich all meinen Scharfsinn und all meine Raffinesse darauf verwenden, meinen Kurs jeweils so zu ändern, daß ich die Strömungen und Tiefs bestmöglich ausnutzen kann.

Aber die Wettervorhersagen aus Japan, die ich zu Beginn der Reise über Funk empfangen werde, werden mich oft in die Irre führen. Für mich mit meiner geringen Geschwindigkeit geht alles immer viel zu schnell. Ich rudere hinter Vorhersagen her, die genug Zeit haben, sich in meteorologische Rückblicke zu verwandeln! Dann bleibt mir nichts anderes übrig, als mich auf mein Gefühl für das Meer zu verlassen, den Wind zu prüfen, die Farbe des Himmels zu deuten und zu versuchen, mich mit der Kraft meiner Arme auf die richtige Seite des Tiefs zu schlagen – indem ich mich noch kräftiger und länger in die Riemen lege – oder aber mich in Geduld zu üben.

16. Juli. Ich überlasse dem Kuroschio den größten Teil der Arbeit. Wenn ich gegen den starken Wind anrudern wollte, müßte ich den Treibanker einholen und würde ganz sicher noch schneller zurücktreiben. Ich rudere, wenn ich kann, und halte im übrigen – die Stellung.

In der Nacht ersticke ich fast in der Bruthitze meiner engen, finsteren Kabine. Das Meer wird immer stürmischer, aufgewühlter. Diesmal mache ich alles dicht, alles bis auf die Belüftungsluke, eine kleine Öffnung, durch die ich zwar nicht nach draußen sehe, aber via einem Kasten im Cockpit ein wenig Frischluft beziehe. Schweißgebadet und schwer atmend hocke ich auf meiner Liege. Von der Decke und den Wänden der Kabine tropft und sickert das Kondenswasser. Dschungelatmosphäre. Und wenn ich es wage, für einen Augenblick mal das Bullauge zu öffnen, kriege ich eine kalte Dusche ab.

Die *Sector* wird fürchterlich gebeutelt. Sie steckt brutale Schläge ein, wird hochgeschleudert, fällt krachend in die Wellen zurück, erzittert vom Bug bis zum Heck. Bei jedem Stoß fallen große Wassertropfen von der Decke. Aber das schlimmste ist, daß ich wie zwanghaft auf die Brecher horche, die im Fünf-Minuten-Rhythmus herantosen. Wie ein Schnellzug, der unaufhaltsam durch einen kleinen Dorfbahnhof donnert. Meine Nerven sind zum Zerreißen angespannt, ich sehe absolut nichts, höre nur, wie die Woge brüllend näher kommt und mich einholt. Einen Moment später wird das Heck von einem Keulenschlag getroffen, donnert zehn Zentimeter über meiner Schädeldecke die Faust eines Riesen aufs Kabinendach, ergießen sich tosende Wassermassen ins Cockpit. Ich fühle mich wie eine Ratte in die Enge getrieben. In der Falle. Dann warte ich auf den nächsten Brecher. Wie erstarrt. Auch wenn ich mir noch so oft sage, daß ich auf jede Kenterung vorbereitet bin.

Ich kann nichts sehen, nur hören – und es über mich ergehen lassen.

Da ist es wieder, dieses Brüllen, das mir den Kopf zwischen die Schultern drückt, dieser tosende Schnellzug, der gleich über mich hinwegdonnern wird.

Am Morgen füllen ein paar tückische Wogen das Cockpit. Bevor es sich wieder leeren kann, habe ich durch die Belüftungsluke schon gut fünfzig Liter Wasser übernommen.

Während der nächtlichen Schlacht habe ich meinen blinden Passagier verloren: eine Stechmücke, die zu töten ich nicht übers Herz gebracht hatte, obwohl sie mich schon ein paarmal gestochen hatte.

Dieser Apparat geht mir immer mehr auf die Nerven. Seit meiner Abfahrt schlage ich mich nun schon Abend für Abend mit dem Telex herum, ohne je einen der Nachrichtensatelliten zu erwischen, die über dem Pazifik und dem Indischen Ozean ihre Bahnen drehen. Mit einer Stinkwut im Bauch stelle ich es ab. Was für ein Elend! Ich denke an alle, die voller Spannung auf eine Nachricht von mir warten, an den unermüdlichen Georges, der sich so abgerackert hat, um dieses supermoderne und sündhaft teure System zu installieren.

Da bleibt mir nur noch mein kleines Funkgerät, das mir die für die Amateure reservierten Wellenbereiche erschließt. Diese leidenschaftlichen Wellenjäger halten sich strengstens an die drakonischen Funkverkehrsregelungen, die die telefonische Kommunikation schützen und eine Überbelegung der Frequenzen verhindern sollen. Manche von ihnen haben sich spezialisiert und sich zu Netzen zusammengeschlossen, die einen großen Teil der Weltmeere abdecken. Sie rufen täglich die Schiffe, zu denen sie Kontakt haben, um mit ihnen meteorologische Informationen auszutauschen und ihnen in Notsituationen beistehen zu können.

Am Abend des 18. Juli höre ich endlich *Okera Net*, ein Amateurnetz, das von Japan aus operiert und den Westpazifik abdeckt. Ich nutze eine Pause zwischen zwei Gesprächen und schicke meinen Funkspruch in den Äther:

»Rowing boat calling Okera, row boat Sector calling Okera Net… Ruderboot ruft Okera, Ruderboot Sector ruft Okera-Netz…«

Ich stelle mir die Überraschung dieses Funkers vor, der mit einmal den Ruf eines Ruderers empfängt! Aber bei einem Japaner muß alles seinen geregelten Gang gehen, Ausnahmen gibt es nicht: Er bittet mich zu warten, bis ich an der Reihe bin, zuerst seien seine »Stammkunden« dran. Ich stampfe vor Zorn auf den Boden: Der Strom, mit dem die sechs auf dem Kabinendach und dem Vordeck installierten Sonnenkollektoren meine Bordgeräte versorgen, ist einfach zu kostbar, um ihn so zu vergeuden! Endlich, endlich kann ich ihm meine Position durchgeben und auch, wie er die Information an den noch in Japan weilenden Christophe weiterleiten kann.

Ganz glücklich über diesen kleinen Erfolg, schlafe ich ein. Etwas beunruhigt mich allerdings: Mein Englisch ist schlecht, das meines Funkpartners noch viel schlechter – hat er mich überhaupt verstehen können? Meine Freunde dürften sehr erstaunt sein, wenn sie am nächsten Tag hören, ich befände mich mitten im *Insichen Ozean*!

18. Juli.

6 Uhr. Beim Aufwachen nichts als bleifarbene Wolken und ein bleifarbenes Meer.

Ich hole den Treibanker ein; er ist völlig zerfetzt.

Ich habe kaum die Zeit, mir die Zähne zu putzen; der Anker muß sofort genäht werden – eine Schinderei. Aber schlimmer noch: Der Südwestwind hat mich, wie befürchtet, aus der Kuroschio-Bahn geworfen. Wirklich zu dumm, ich hatte gehofft, noch ein paar Tage drin zu bleiben. Die *Sector* driftet leicht ab. Ich werde mich also wieder in die Riemen legen, um die schnelle Strömung an ihrer nächsten Biegung, 120 Meilen weiter östlich, erneut zu erwischen. Außerdem habe ich genug, mehr als genug von diesem Rattenleben. Höchste Zeit, daß ich mir Bewegung verschaffe.

Starker Seegang, ein leichter halber Wind. Ich komme mehr schlecht als recht voran. Der trostlose Himmel wird immer dunkler. Dann brechen die Stürme über mich herein, und, oh Wunder!, der Wind dreht sich um mehr als 100° und bläst nun beständig aus Nordwest. Das Meer, wie so oft in solchen Fällen, zögert einen Moment, wie um nachzudenken, und macht dann eben, was es will, mit anderen Worten: was ihm gerade einfällt. Jähe Kreuzseen, Wassersäulen, die plötzlich steil emporsteigen, in sich zusammenbrechen, steile Wellentäler – hier kreuzen sich zwei Wogenketten im rechten Winkel und lassen diese unmögliche See entstehen. Aber der günstige Wind verleiht mir Flügel. Und wenn es auch Bindfäden regnet – ich bin fast toll vor Freude: Ich habe den Kampf wieder aufgenommen! Der Regen peitscht mir ins Gesicht, blendet mich. Ohne meine Sonnenbrille würde ich überhaupt nichts sehen. Sie hat übrigens auch den Vorzug, mein Bild der Realität zu filtern und sie dadurch ein bißchen weniger grau erscheinen zu lassen.

Automatischer Blick auf den Kompaß. Dann auf das Speedometer-Log. Dieses Instrument ist nicht unentbehrlich für mich, aber es ist der Stachel, der mich vorantreibt. 2,5 Knoten. Mit aller Kraft ziehe ich die Ruder durch. Eine Pause? Erst, wenn das Log 10 Seemeilen anzeigt.

Genau mittags habe ich mein Soll erfüllt. Das Fix mit dem Sextanten zeigt, daß die Strömung mir noch acht Meilen als Dreingabe beschert hat. Nicht schlecht. Das richtet mich wieder auf.

Zur Mittagszeit spüre ich ein starkes Brennen im fleischigen Teil meiner Anatomie, jenem Teil, der bei dieser Galeerenarbeit weitaus mehr leidet als meine Hände. Bei strömendem Regen ohne Trockenanzug zu rudern, dürfte auch nicht gerade günstig gewesen sein. Ich nehme mit einem Rückspiegel, der mir auch sonst gute Dienste leistet, eine Ortsbesichtigung vor – und was sehe ich da? Zwei Dutzend Furunkel im Anfangsstadium. Kleine junge Kerle, die darauf brennen, größer zu werden, und einer von ihnen ist sogar schon eitrig. Ich creme meinen Hintern dick mit Eucidine 40 ein und mache mich wieder an die Arbeit. Wenigstens wird das Zeug beim Rudern gut in die Haut einmassiert!

Nachmittags immer noch tief hängende Wolken, von Blitzen durchzuckt, von heftigen Schauern verdeckt. Ich komme gut voran, lege während meiner »Arbeitszeit« 40 Seemeilen zurück und bin voller Hoffnung, mich am Scheitelpunkt seiner nächsten Schleife wieder in den Kuroschio einzufädeln.

An diesem Abend wird es zum ersten Mal kalt. Ich zünde eine Kerze an. Ihre Flamme wärmt meine Kabine, führt aber auch zur Bildung von Kondenswasser, das nun von überall herabtropft. Mein Schlafsack und meine Kleidung sind patschnaß. Diese schmierige, klebrige Feuchtigkeit werde ich während der ganzen Fahrt nicht mehr loswerden.

20. Juli. In der Morgendämmerung sichte ich zwei Schiffe, ein Fangschiff und einen großen Frachter, der nach Japan unterwegs ist. Bis ich meinen Kaffee ausgetrunken habe, ist der Frachter schon am Horizont. Spätestens morgen früh wird er in den Hafen einlaufen. Wir beide sind in völlig verschiedenen Welten zu Hause!

Ich versuche weiter in den Süden hinabzukommen, um dort das angekündigte Tief zu erwischen. Vielleicht blasen da unten ja günstige Winde, die mich auf die schnelle Route zurückbringen? Aber es ist ein riskantes Spiel. Eine falsche Plazierung kann mich in diesen Breiten teuer zu stehen kommen, mich dazu verdammen, mitten im Pazifik umherzuirren, in den Flauten der Hochdruckgebiete festzuhängen oder von Gegenwinden aufgehalten zu werden.

Das Meer ist weniger aufgewühlt, das Wetter ideal; der Wind kommt mehr oder weniger aus Nordwest, mit einer Geschwindigkeit von 15 bis 25 Knoten. Heute will ich es wissen, das soll ein Rekordtag werden. Zwölf Stunden an den Riemen.

Wer mit dem Rudersport vertraut ist, wird sich vielleicht fragen, wie ich Tag für Tag einen solchen Rhythmus durchhalten kann. Dabei muß man immer berücksichtigen, daß ich jede heftige Anstrengung vermeide und mich nie bis zur völligen Erschöpfung verausgabe. Ich habe ein schweres Boot; wenn es einmal in Fahrt ist, unterstütze und verstärke ich seine Bewegung, aber ohne etwas zu erzwingen. Um das mit einem einfachen Beispiel zu verdeutlichen: Ich bin kein Läufer, sondern ein Geher. Aber ein Geher, der von Paris nach Peking gehen will, und das mit einem Pensum von fünfzig Kilometern täglich, gleichgültig, ob es stürmt oder schneit, ob es regnet oder ob die Sonne scheint – und obwohl sein Rucksack dafür eigentlich etwas zu schwer ist.

Nicht die Muskeln sind mein Motor, sondern der Leistungswille sowie der Haß auf den Kleinmut, gegen den es ständig anzukämpfen gilt, Tag um Tag, Stunde um Stunde, Ruderschlag um Ruderschlag, ja, Ruderschlag um Ruderschlag, denn jeder neue Ruderschlag erscheint einem mühsamer als der vorhergehende. Ich bin ein Widerstandskämpfer in einem Krieg, der nur in meiner Vorstellung existiert. Mein Feind? Das bin ich selbst, ich, mit meinen körperlichen Schwächen und dem Hang, aufzugeben. Es handelt sich dabei nicht etwa um die Versuchung, die Seenotboje zu betätigen und einfach alles aufzugeben, sondern um die tausend kleinen täglichen Schwächeanwandlungen, die jeder von uns kennt: um den Wunsch, den Tag fünf Minuten später zu beginnen oder die Pause eine Minute vorzuziehen, sich beim nächsten Ruderschlag etwas weniger anzustrengen, oder sogar um den Wunsch, sich einfach nicht mehr zu rasieren. Wenn ich diesen kleinen Versuchungen erliege, dann erliege ich auch der großen und gebe auf. Und wenn ich diese kleinen, lächerlichen, sich ständig wiederholenden, lästigen und ruhmlosen Kämpfe gegen mich selbst gewinne, dann ist mir auch der große Sieg gewiß.

Ich habe die »Siebenmeilenstiefel« herausgeholt, meine beiden längsten Ruder: 3,20 m lang, mit Schäften aus Kohlenstoffaser-Kevlar und Blättern aus Eschensperrholz. Ich setze meine drei verschieden großen Riemenpaare in genau derselben Art ein wie ein Radfahrer die Zahnkränze seiner Kettenschaltung. So kann ich meinen Krafteinsatz und mein Schlagtempo dem Seegang und der Windrichtung anpassen. Das kleinste Paar – es ist 3 m lang und hat kleinere Blätter – nehme ich bei Gegenwind oder hochgehender See, was, leider, der Normalfall sein wird. Aber heute habe ich achterlichen Wind, das Meer ist wunderbar und das Leben auch, und die *Sector* fliegt dahin.

Den Kurs zu halten wäre eine anstrengende Sache, wenn ich jede Richtungsabweichung mit unterschiedlich starken Schlägen des rechten bzw. linken Ruders korrigieren müßte. Bei einem Segelschiff sorgen unter anderem die Stellung des Steuerruders und der Segel für Kursstabilität, aber bei einem Ruderboot ist die Sache etwas komplizierter. Seine Antriebskraft ist schwach, und ein übergroßes Steuerruder würde wie eine Bremse wirken. Die Lösung des Problems ist das Spiel mit verstellbaren Schwertern. Die *Sector* hat drei solche Schwerter: zwei unterm Heck, die das Ruderblatt, das Hauptstück des Steuerruders, einrahmen, und ein weiteres unterm Vorschiff. Das sind 25 Zentimeter breite Platten aus kohlefaserverstärktem Kunststoff, die in den wasserdichten Schwertkästen installiert und vom Cockpit aus mit speziellen Leinen, den Schwertfallen, unterschiedlich tief ins Wasser abgesenkt oder auch ganz aufgeholt werden, wenn sie überhaupt nicht benetzt werden sollen. Bei halbem Wind, beispielsweise, senke ich das vordere Schwert ein wenig ab, um die Wirkung des Steuerruders zu kompensieren und einigermaßen Kurs zu halten. Bei achterlichem Wind mache ich es umgekehrt: Dann lasse ich das Boot mit eingetauchten Heckschwertern vor dem Wind lenzen, wobei sich das Vorschiff in den Windstrom legt.

So wie heute.

Was für ein Genuß! Mit seinen 100 Kilo Wasser im Hecktank, die die Wirkung der beiden Heckschwerter verstärken, surft die *Sector* fröhlich auf den Wogenkämmen. Ich laufe gut und gern drei Knoten, manchmal dreieinhalb. Und die dreißig Seemeilen, die mein Log bei Einbruch der Nacht anzeigt, machen den Tag vollends zu einem Erfolg.

22. Juli, abends.

Beim Schreiben höre ich den Wind wiederkommen. Was wird morgen sein? Wie seltsam, wenn man nur noch eine Sorge, eine ungeheure, einfache Sorge hat: Woher wird morgen der Wind blasen? Ich denke an mein Leben während der letzten Monate, an diese Tage mit ihren tausend Problemen, die alle so ungeheuer wichtig erschienen, die einen nicht mehr losließen, bis zur Erschöpfung beschäftigten, unbedingt gelöst werden mußten. Und jetzt das: Woher wird der Wind blasen?

24. Juli. Aus Mitgefühl mit mir und meiner Mühsal dreht Gott – oder der Teufel, ich weiß nicht mehr, in wessen Hand ich bin – den Wind ein bißchen mehr nach Süden. Mit gefiertem Vorschwert und, um die Krängung zu verringern, vollem Steuerbordtank kann ich einen Nordkurs halten. Aber das Wetter wird schlechter.

13.05 Uhr. Geburt an Bord! Als ich mein Weinschapp öffne, um eine der drei Plastikboxen mit französischem Wein herauszuholen – Burgunder, Bordeaux und Loirewein –, sirrt da ein winziges Mückchen heraus. Ich wünsche ihm ein langes Leben, fürchte aber, daß es kurz sein wird. Die Fliege, die sich das Schapp zur Eiablage ausgesucht hat, hat eine schlechte Wahl getroffen.

27. Juli. In einem Anfall von Optimismus notiere ich noch: *Leichter Nebel, ruhiges Meer, Ferien... So ein schönes Wetter hatte ich mir schon gar nicht mehr vorstellen können. Ich galoppiere mit einer hübschen kleinen Westbrise dahin. Nach der Wettervorhersage müßte das bis zum 15. August anhalten!*

Es hält keine vierundzwanzig Stunden: Der Wind dreht nach Süden.

Als ich vor meinen *Pilot charts*, meinen Monatskarten sitze, führe ich ein langes Selbstgespräch. Meine Idealroute, die mich so lang wie möglich von den Wohltaten des Kuroschio profitieren lassen sollte, scheint nicht mehr realisierbar. Soll ich die Orthodrome nehmen – d. h. die direkte Route zwischen Japan und den Vereinigten Staaten, die auf meiner Seekarte wie eine Ellipse den Pazifik überspannt? Das würde bedeuten, daß ich mich früher als geplant von der günstigen Strömung verabschieden und den Wind nutzen müßte, um die kürzeste Route einzuschlagen, indem ich nach Nordosten fahre.

Vier, fünf Monate hatte ich für die Überquerung eingeplant. Jetzt bin ich erst in der dritten Woche, aber die Jahreszeit ist schon so weit vorgeschritten, daß ich das Schlimmste befürchte. Ich beuge mich über meine Karten und versuche mit kühlem Kopf nachzudenken. Aber meine Zukunftsvisionen sind alles andere als beruhigend, wie meine Logbucheintragung bezeugt:

Das letzte Stück wird sehr hart, fürchte ich. Laut Statistik sind die Wellen dort nach dem 19. September, und insbesondere im Oktober, alle über vier Meter hoch, liegt die durchschnittliche Windstärke bei 5. Außerdem braucht es viel Feinarbeit, um San Francisco nicht zu verfehlen. Ich muß jetzt wirklich machen, daß ich vorankomme.

5.

Den Kopf in den Sternen

Um dann mit der Stirn gegen eine Wand zu laufen, und zwar gegen eine bewegliche, unsichtbare Mauer. Gegen das Bollwerk der Ostwinde, widrige Winde bei meinem Kurs, die mich buchstäblich abdrängen.

Ganze zwei Wochen lang, vom 31. Juli bis zum 14. August, fahre ich im Zickzack: Ich mache mühsam ein paar Meilen gut, wenn ich bei nachlassendem Wind wie angekettet an den Riemen sitze, drifte dann nachts vor dem Treibanker und büße, wenn ich bei den erneut einsetzenden Ostböen glatt achteraus fahre, meine minimalen Fortschritte wieder ein.

Zwei depressive Wochen, während derer ich den Sommer, oder was davon übriggeblieben ist, sich unaufhaltsam davonstehlen sehe. Oft verzichte ich auf das tägliche Fix, so sehr deprimiert mich der Gedanke an das, was es mir unfehlbar zeigen würde – diese paar Längengrade, die ich so teuer erkauft und so schnell wieder verloren habe.

Um mein Ziel zu erreichen, habe ich mir eine geistige Welt erschaffen, in der sich alles dem Gedanken an die zurückgelegte Strecke unterordnet. Eine zerbrechliche Welt: Nun, da ich nicht mehr vorankomme, ist in ihr die Versuchung allgegenwärtig, aufzugeben. Stunden und Tage vergehen, in denen ich nur darauf warte, daß sich der Wind endlich dreht. Um mich wieder in die Gewalt zu bekommen, hole ich häufig den Treibanker ein und lege mich erbittert in die Riemen – obwohl ich nur zu gut weiß, wie nutzlos meine Anstrengungen sind. Aber mir ist alles recht, was die Illusion eines Vorankommens, das mich vor dem Schlimmsten bewahren würde, nährt.

Ich habe keinerlei Nachrichten von meiner Familie, die mir fürchterlich fehlt. Wenn ich an die Zivilisation denke, die ich hinter mir gelassen habe, komme ich mir wie ein Höhlenforscher vor, der sich immer weiter, immer tiefer in seine nächtliche Welt vorantastet. Ein paar Tage lang hatte ich mich an meine Erinnerungen an die Freunde geklammert, die mich nach Japan begleitet hatten, und mir mit manischer Detailversessenheit ihr Tun und Treiben vorgestellt. In Gedanken hatte ich Bruno bei seinem Rückflug nach Frankreich begleitet und auch bei der Reise, die er anschließend unternehmen mußte, um in der Bretagne sein Auto abzuholen und in den Midi zurückzukehren, wo er zu Hause ist. Christophe hatte mir etwas länger »gedient«, da ich wußte, daß er noch eine Woche in Japan geblieben und auf Charlies Yacht zu einer Segeltour aufgebrochen war. Aber im Laufe der Zeit hatte ich sie alle aus dem Blick verloren. Dann schloß sich die Einsamkeit um mich, die wahre, die einen von allen abschneidet.

Die Einsamkeit ist eine alte Bekannte von mir. Meine Erfahrung auf dem Atlantik hat mich gelehrt, daß man besser daran tut, in sie einzutauchen und sich in sie zu versenken, als gegen sie anzukämpfen. Aber jetzt gelingt mir das nicht. Daher zwänge ich mich bei jeder Pause in meine Kabine, um einen Blick auf das Amperemeter zu werfen und die Leistung der Solarzellen und die Ladung der Batterien zu prüfen, die mein Funkgerät mit Strom versorgen. Wenn auch uneingestanden, sie ist da, diese Sucht nach der kleinen Dosis *künstlichen* menschlichen Kontakts. Sie beherrscht mich so, daß sie mir Angst macht, diese Sucht nach meiner Glückspille, deren Wirkung so schnell nachläßt, nach diesen so fürchterlich kurzen Funkkontakten, für die ich jedesmal mit einer noch grausameren Einsamkeit bezahlen muß.

Zwei Wochen nach der Abfahrt hatte ich mit meinem Funkgerät eindeutig amerikanische Stimmen eingefangen. Unglaublich! Aber seit Tagen keine Spur mehr von ihnen. Hatten in jener Nacht so ungewöhnlich gute Ausbreitungsbedingungen geherrscht? Das Herz ging mir auf, als ich diesen Akzent hörte, der mich schon mit dem noch fernen, fernen Ziel meiner Reise verband.

Des Rätsels Lösung fand sich ein paar Tage später, als ich auf denselben Frequenzen einen Mann sagen hörte, er wolle das Wochenende in Manila verbringen. Manila! Dann mußte dieser Funkamateur auf den Philippinen stationiert sein. Diese Chance durfte ich nicht verpassen, denn dort wohnten zwei meiner Brüder. Ich mußte diesen Amerikaner überreden, einen von ihnen anzurufen und einen Kontakttermin zu vereinbaren. Vielleicht könnte ich so endlich die Verbindung knüpfen, mit der ich bis nach Frankreich durchkäme?

Break! Break!«

Nach einem kurzen Augenblick der Verwirrung stellt sich der Amerikaner auf meine Frequenz ein. Das muß für ihn komisch sein, diesen Franzosen sagen zu hören:

»Also, ich überquere mit einem Ruderboot den Pazifik. Sie sind mein erster Kontakt seit neun Tagen. Könnten Sie bitte meinen Bruder anrufen?«

Ich sehne mich so danach, mit Christophe zu sprechen und, vor allem, mit Cornélia ein paar Worte zu wechseln und zu erfahren, wie Guillaume in seinem Segelflug-Kurs zurecht kommt. Die Kinder haben ja Ferien. Einfache, konkrete Dinge. Aber bis ich mit meiner Familie Kontakt aufnehmen kann, werden noch Wochen vergehen. Das gelingt erst durch die Vermittlung einer Seefunkstelle, die meinen Funkstrahl mit einem Telefonnetz verbindet.

Bleibt noch der Fernschreiber, der aber an einem seidenen Faden hängt – an meinem Antennenkabel. Der Kabelanschluß macht mir große Sorgen, weil er unter jeder kleinen Verdrehung leidet, die beim Ausfahren der Cockpit-Antenne unvermeidlich ist. Wenn ich sie auch noch so sehr wie ein rohes Ei behandle: Der Kontakt wird schnell brüchig und geht dann vollends in die Binsen. Ich bastle mir einen neuen, der jedoch sehr instabil ist. Jedenfalls verweigert mir der Apparat weiterhin den Dienst und beschert mir eine Enttäuschung nach der andern.

Eines Abends spielt er mir dann so übel mit, wie es nicht übler geht: Auf dem Schirm erscheint die Anzeige »Nachricht empfangen«. Ich suche im Speicher des Computers fieberhaft danach. Nichts. Finde nur diese neue Anzeige: »Ende der Nachricht«. Ich hätte ihn am liebsten über Bord geschmissen.

»TM6 ABO, TM6 ABO, hier FK8CR, TM6 ABO bitte melden.«

So hält Eddy, ein Funkamateur in Nouméa, Einzug in meine kleine Welt. Er wird mein regelmäßiger, manchmal täglicher Wellengefährte, gibt mir neue Kraft und kostbare meteorologische Informationen. Dieser sehr gut ausgerüstete FK8CR – das ist seine Kennung – empfängt per Fax die von Satelliten verbreiteten Wetterkarten für den Pazifik. Er wird mir bis zum Ende meiner Reise die Treue halten und seine Wochenenden opfern, um mich über die Entwicklung und Zugbahnen der Taifune zu informieren oder mir Nachrichten von Freunden zu übermitteln.

Neue Kraft, die kann ich wohl gebrauchen. Ich esse nur noch einmal täglich. Alle diese verlorenen Tage werden zusätzliche Tage sein. Wenn ich in diesem Tempo weitermache, gehen mir womöglich noch die Lebensmittel aus. Der Zweifel nistet sich ein. Der Ausgang dieses Unternehmens wird zunehmend ungewiß.

Wann immer der Schraubstock sich lockert und ich eine kleine Lücke erspähe, setze ich mich an die Riemen, um den Teufelskreis zu druchbrechen. Aber wenn der Ostwind dann wieder steifer wird und in Sturmstärke bläst, muß ich den Rückzug antreten und am Heck den Treibanker ausbringen, mich in meine Kabine kauern und das Hämmern der Brecher, das Heulen der Sturmböen über mich ergehen lassen. Wann werde ich kentern? Ich fühle mich elend, aber ich halte aus.

Auch der Geist, die Seele, das Gemüt, kann sich dem Schrecken dieser Hölle nicht entziehen, ist ein Gefangener der regellosen, konvulsiven Bewegungen des Bootes.

Ich denke an die Schützengräben des Ersten Weltkriegs, an die in ihre Unterstände geduckten Soldaten, die das Kaliber und den Einschlagsort einer Granate nach dem Gehör errieten. So wie ich nun auf das Brüllen der herannahenden Brecher horche, um zu erraten, welche von ihnen mich zum Kentern bringen wird. Eine Tortur, die sich über zehn Stunden erstrecken kann.

Wie zufällig haben sich nun auch die ersten körperlichen Beschwerden gemeldet. Eines Morgens, beim Aufstehen, spüre ich einen starken Schmerz hinter der linken Schulter, an einer Stelle also, die für meine Finger, die Salbe und die Massage unerreichbar ist. Aber jedes Unglück hat auch sein Gutes: Wenn das Wetter mich an den Treibanker zwingt, lege ich einen Ruhetag ein und hüte das Zimmer. Ich säubere und desinfiziere meine kleinen Wunden, eine unerläßliche Vorsichtsmaßnahme auf hoher See, wo sich der kleinste Kratzer im Handumdrehen zur Eiterbeule auswachsen kann. Ich habe endlich Zeit, sie verheilen zu lassen. Aber mein Seelenzustand bessert sich dabei nicht.

10. August. Ich habe von Cornélia ein Telex bekommen, das erste seit meiner Abfahrt. Es hat mich sehr froh gemacht und zugleich aber auch frustriert. Ihre Worte haben meinen Hunger nach Informationen nicht stillen können. Zu wenig genaue Angaben, Details. Ich will mehr davon. Sie sagt, sie sei mit den Kindern in einem Restaurant gewesen, aber wo genau? Ist sie mit dem Auto gefahren? Auf welcher Straße? In welches Restaurant? Ich will seinen Namen wissen, das Menü und den Tisch, an dem sie gesessen haben. All das, was mir hier fehlt. Alles, was seinen ganz eigenen Geruch, eine ganz besondere Farbe, einen ganz speziellen Geschmack besitzt. Kann sie sich denn überhaupt vorstellen, in welchem Maße ich diese einfachen Dinge des Lebens vermisse? Wie sehr mich danach verlangt, all das wirklich zu spüren, zu berühren, zu riechen?

11. August. In der Nacht, durchgeschüttelt wie nie zuvor. Ein Tief, das genau über mich hinweggezogen sein muß. Der Wind sprang plötzlich auf 180° um, die See geht hoch.
Ich mußte am Bug zwei Treibanker ausbringen, was die *Sector* aber nicht vor den gewaltigen Ohrfeigen bewahrt, die die See jetzt austeilt – das Gefühl, über den Bootsrumpf vermittelt, eine Tracht Prügel zu beziehen.

Aber der Morgen wartet mit einer schönen Überraschung auf. Ein leichter Nordwestwind hat diesen Alptraum hinweggeblasen. Ich krieche mit weit aufgerissenen Augen und eingeschlafenen Gliedern aus der Kabine und kann es kaum glauben.

Nach der plötzlichen Winddrehung bleibt das Meer aufgewühlt. Die Vorstellung, noch eine Dusche abzubekommen, wenn ich meine Höhle verlasse, ist alles andere als verlockend. Aber ich habe die Nase voll davon, wie ein Bettlägriger herumzuhängen. So hole ich erst mal den Treibanker ein, lasse die *Sector* vor Wind und Wellen ablau-

fen und mache mich an eine Generalüberholung von
Mensch und Maschine, wie das sonntagmorgens an Bord
eines Schiffes üblich ist. Ein bißchen Fett auf die Roststel-
len, ein paar Bürstenstriche, eine Minitoilette, und schon
bin ich wie neugeboren, glatt rasiert, frisch gestärkt – und
sitze bereits wieder für die nächsten neun Stunden an den
Riemen, Kurs Nordost und Gott befohlen!

14. August. Gleichmäßig blauer Himmel, seit meiner Abfahrt ein seltenes Ereignis. Aber das Barometer fällt zuse-
hends. Werde ich endlich das Tief nutzen können, das sich
diesmal auf der richtigen Seite nähert? Ich habe eben erst
meine Position vom 31. Juli wieder erreicht. Bin also zwei
Wochen auf der Stelle getreten!

Woher kommt bloß dieses Piep-Piep, das mich an einen
Computer oder eine Quarz-Uhr erinnert? Ich war gerade
beim Mittagesssen in meiner Kabine, als ich diese Piepstöne
zum erstenmal hörte. Ich prüfe meine Geräte. Alles normal.
Als ich meine Nachforschungen weiter ausdehne, entdecke
ich schließlich, daß diese Piepser nur das Echo der am
Bootsboden reflektierten kleinen Schreie der gut hundert
Delphine sind, die sich nicht weit von der *Sector* in den Wellen tummeln.

Meine Furunkel tyrannisieren mich nicht allzusehr. Zum
Glück werde ich übrigens während der ganzen Überfahrt
nicht mit großen Gesundheitsproblemen kämpfen müssen.
Trotzdem hat es Doktor Chauve, mit dem ich manchmal in
Funkkontakt bin, nicht leicht, Schutzengel zu spielen. Wenn
ich mal ein Wehwehchen habe, übergehe ich es lieber mit
Schweigen, erwähne es dann vielleicht eine Woche später,
aber nur beiläufig. Selbst als ich mir eines Tages zwei Rippen und einen Finger breche, ist das für mich kein Grund,

mich im Gespräch mit ihm über das Thema zu verbreiten. Natürlich ist es schmerzhaft, und ich hätte auch gut darauf verzichten können. Aber es ist doch nichts wirklich Ernstliches – *rien de gravissime*. Solange ich noch an den Riemen sitzen und weiterpullen kann, ist mir alles andere egal. Daraus in meinem Logbuch einen Roman zu machen oder an der Funke darüber zu klagen, das hätte diese physischen Malaisen viel zu real und wichtig gemacht und mir nur gute Vorwände für die Aufgabe meines Unternehmens geliefert, wenn ich psychisch zusammengebrochen wäre.

17. August. Bin gegenüber meinem »Marschplan« zwei Wochen in Rückstand. Muß mich an einen strikten Arbeitsrhythmus halten.

Unter normalen Verhältnissen, wenn das Wetter zum Pullen nicht zu schlecht ist, beginnt mein Tag mit dem Morgengrauen. Um 6.00 Uhr Aufstehen. Ich schlinge mein Frühstück hinunter, ein Kraftfutter aus Dörrobst und Körnern, das Ganze mit Kaffee- oder Schokoladengeschmack. Dann werfe ich einen Blick nach draußen. Die Farben des Morgen- oder Abendhimmels geben mir wertvolle Hinweise auf das kommende Wetter. Eine Technicolor-Morgenröte ist ein schlechtes Vorzeichen; ein flammender Sonnenuntergang aber ein gutes.

Den heißen Kaffee stelle ich ins Cockpit. Eine Methode, um mich daran zu erinnern, daß »die Musik da draußen spielt«, und mich zu zwingen, die relative Behaglichkeit meiner Kabine aufzugeben. Weil diese Tasse Kaffee mich so unwiderstehlich anzieht, geselle ich mich bald zu ihr und mein Arbeitstag kann beginnen.

Von 6.30 Uhr bis 9.30 Uhr pulle ich. Dann gönne ich mir eine Pause, trinke noch einen Kaffee, manchmal auch eine Tütensuppe, und mache mich wieder an die Arbeit, bis 12.00 Uhr. Dann unterbreche ich für eineinhalb oder zwei

Stunden, um zu Mittag zu essen, ein bißchen Sextanten-
oder Kartennavigation zu machen und vielleicht auch ein
Cigarillo zu schmauchen. Von 14.00 bis 16.00 Uhr sitze ich
wieder an den Riemen, dann erneut eine Pause und wieder
an die Arbeit, bis 20.00 Uhr. Wenn ich einmal ein paar Tage
hintereinander an den Treibanker gezwungen und zur Untätigkeit verdammt bin, versuche ich die verlorene Zeit durch
nächtliche Überstunden wieder wettzumachen, sobald das
Wetter es erlaubt.

Ich zwinge mich, diesen einmal aufgestellten Stundenplan
unbedingt einzuhalten, um die Distanz durchstehen zu können. Diese Routine ist meine goldene Regel. Gegen sie zu
verstoßen, und sei es auch nur mit ein paar hier, ein paar da
abgeknapsten zusätzlichen Pausenminuten, hieße einen verhängnisvollen Prozeß in Gang zu setzen, dem Schlendrian
Tür und Tor zu öffnen, also Gefahr zu laufen, jeden Tag ein
kleines bißchen weniger zu machen.

Wenn der Tag gut läuft – oder anders gesagt, wenn ich gut
vorankomme –, ist auch meine Moral gut, und mein Appetit
desgleichen. Sieht man von ein paar Konservenmahlzeiten
ab, so ernähre ich mich im wesentlichen von jenen gefriergetrockneten Menüs, die meine japanischen Zöllner so beein-
druckten und die ich mit ein bißchem heißen Wasser quellen
lasse. Die Vorteile dieser Präparate: minimales Gewicht, tadellose Konservierung, intakter Geschmack. Nachteil: ein
gewisser Überdruß, der sich gegen Ende der Reise verstärkt. Aber welche Art von Ernährung hätte man nach vier
Monaten nicht satt? Die gefriergetrockneten Steaks muß
man nach dem Quellen kurz braten, und dazu braucht es ein
bißchen Fett oder Öl. Kurz vor der Abfahrt hatte ich in
einem Camping-Fachgeschäft eine gefriergetrocknete Fett-
substanz aufgestöbert, sie damals aber leider nicht mehr te-

sten können. Das waren kleine Pailletten in der Art der Seifenflocken, die man früher benutzte, als man die Wäsche noch mit der Hand wusch. In der heißen Bratpfanne zerlaufen sie zu etwas Ölähnlichem. Aber, Vorsicht, beim Abkühlen nimmt dieser *Ersatz* sehr schnell wieder seine ursprüngliche Konsistenz an, so daß sich der Mund nach zwei oder drei Bissen wie mit Wachs ausgekleidet anfühlt. Zum Glück hatte ich, um für ein bißchen Abwechslung zu sorgen und meinen Speiseplan anregender und appetitlicher zu gestalten, eine Ladung *Capitäine-Cook*-Konserven an Bord genommen, ein Souvenir von meiner Atlantiküberquerung. Bei diesen Konserven gab es auch ein paar mit Thunfischfilets in Olivenöl, und dieses Öl bewahrte ich mir immer zum Steakbraten auf.

Die für mein Überleben entscheidenden Geräte waren die Pumpen zur Meerwasserentsalzung. Vor zehn Jahren war das Problem noch ungelöst, so daß ich zu meiner Atlantiküberquerung annähernd dreihundert Liter Flüssigkeit, Wasser und Wein, mitnehmen mußte. Sie wogen mehr als mein Boot! Für den Pazifik hätte ich etwa fünfhundert Liter einkalkulieren müssen. Glücklicherweise waren inzwischen Entsalzungsgeräte entwickelt worden, die wenig Platz beanspruchten. Das System beruht auf Filtern, die durch eine Pumpe gespeist werden. Bestimmte Gerätetypen, die gelegentlich einiger Weltumsegelungen ihre Bewährungsprobe bestanden haben, arbeiten mit elektrischen Pumpen und liefern ansehnliche Flüssigkeitsmengen. Andere, handbetriebene Apparate sind für Rettungsboote bestimmt.

Mit einer Pumpe, die ungefähr vier Kilo wiegt, kann ich in zwölf Minuten einen Liter Trinkwasser herstellen. Das ist ein gutes Ergebnis, weil ich für mich alleine kaum anderthalb Liter am Tag verbrauche. Ich habe zwei Geräte dieses Typs mitgenommen und, um meine Sicherheitsmarge zu vergrößern, noch einen dritten Apparat, der nach einem anderen Prinzip funktioniert. Er muß so tief im Wasser sein, daß der Wasserdruck über einen eingebauten Kolben das Meerwasser durch den Filter preßt. Die Idee ist genial, aber der Erfolg weniger. Ich werde das Gerät zwar nicht benutzen, aber doch froh sein, es als Notaggregat an Bord zu haben – man kann ja nie wissen.

Vor der Abfahrt hatte ich geglaubt, die Bewegungen meines Rollsitzes für den Betrieb dieser Pumpen nutzen und so mein Süßwasser beim Rudern produzieren zu können. Eine interessante Idee, die Bruno auch in dem einfachen Mechanismus konkretisieren konnte, mit dem er die Pumpen und den Sitz verband. Aber den Praxistest sollte der gute Einfall nicht bestehen: Dieses System zwingt mich nämlich zu einer leichten, aber auf die Dauer unangenehmen Erhöhung des Schlagtempos. Außerdem beschert mir das schlechte Wetter genügend Zwangspausen, in denen ich mich mit so nützlichen Arbeiten wie der Wasserentsalzung beschäftigen kann. Ich montiere daher eine der beiden Pumpen im Cockpit ab, um sie mit der Hand zu bedienen.

Bei der Atlantiküberquerung hatte ich noch ein anständiges Quantum Wein mitnehmen können und dafür entsprechend weniger Wasser getankt. Nun aber stürzte mich die Entsalzungsanlage in einen echten Gewissenskonflikt: Wein oder nicht Wein? Jeder Liter ist ein Kilo zusätzliches Gewicht. Ich gestand mir aber trotzdem fünfzehn Liter zu, weil ich sie zur Bewahrung meiner Moral für unerläßlich hielt. Der Genuß und das Vergnügen, zu jeder Mahlzeit ein halbes Glas Wein trinken zu können, wurden noch dadurch erhöht, daß ich dazu ein Ballonglas benutzte, das ich denn auch wie meinen Augapfel hütete, ohne aber verhindern zu können, daß es bei einer Kenterung in Scherben ging.

18. August.

Eine traurige Feststellung heute morgen: Ich habe kaum ein Viertel meiner Route hinter mir! In 38 Tagen. Bei diesem Tempo bräuchte ich etwas mehr als fünf Monate... Das stimmt mich alles sehr nachdenklich und tut meiner Moral gar nicht gut. Ich werde sogar auf meine Lebensmittelvorräte achtgeben müssen.

Um 5 Uhr fange ich wieder an und versuche auf nordwestlichem Kurs voranzukommen. Kompaß, Speedometer-Log... Immer dasselbe Lied. Immer im selben Takt, wie ein Metronom. Die Schulter, der Arm, die Hand und der Riemen sind längst zu einer Einheit geworden, zu einer perfekt an ihre Funktion angepaßten Mensch-Maschine. Meine Nerven enden da unten, an den äußersten Kanten der Ruderblätter. Sie reagieren auf diese von Kreuzseen gestörte Dünung und regeln meine Pullbewegungen: nun einen Riemen laufen lassen, um keinen Bruch zu riskieren, jetzt den Angriffswinkel verbessern, steuerbords etwas stärker durchziehen, um den Kurs um drei, vier Grad zu korrigieren.

Mein Körper arbeitet wie eine Maschine, und mein Kopf funktioniert wie ein Computer. Durchschnittliches Etmal, Anzahl der Tage. Er führt Buch. Ich versuche in Gedanken die Dauer der Überfahrt abzuschätzen, fange immer wieder von neuem zu rechnen an, prüfe alle Möglichkeiten, Wahrscheinlichkeiten, Eventualitäten, extrapoliere. An den besten Tagen versuche ich meine 40 Seemeilen zu schaffen, einen Längengrad also. Das ist meine Bezugsgröße, mein Richtwert. Und die Zahlen rattern durch meinen Kopf, reihen sich in meinen Logbüchern auf, lange Zahlenreihen, die eine einzige plötzliche Winddrehung zu Makulatur machen kann.

Während ich pulle, beschäftige ich mich mit diesen

inneren, geheimen Kalkülen, stundenlang. Nach meiner günstigsten Prognose könne ich zwischen dem 10. und 15. November ankommen. Nach der ungünstigsten am 15. Dezember.

Am meisten fiebere ich jeden Tag dem Moment entgegen, da ich mein Fix mache. Meine Instrumente plazieren mich in bezug auf die Gestirne und die Navigationssatelliten. Meine unbedeutenden Fortschritte anhand dieser kosmischen Baken zu messen, ist ebenso faszinierend wie schwindelerregend. Ich stehe mit beiden Beinen in meinem winzigen Cockpit und habe doch – durch das Okular des Sextanten – den Kopf in den Sternen und spüre, wie mein geistiger Horizont das ganze Universum einschließt.

Und doch streben all meine Gedanken ständig, und manchmal fast zwanghaft, in andere Dimensionen, zu den menschlichen Dingen zurück, zu vertrauten Geräuschen, Gerüchen und Orten.

Was für ein Paradox!

So von allem entblößt, entdecke ich die Wichtigkeit jener Dinge wieder, die man nicht mehr wahrnimmt, wenn man sie ständig um sich hat.

6.
Und wenn das alles keinen Sinn hätte?

19. August.

Dieser Ozean ist ein Monstrum, von seiner Größe her. Auf dem Atlantik läge, bei gleicher Meilenzahl, jetzt schon die halbe Strecke hinter mir. Aber hier... wenn ich auf meine Karte schaue, bin noch so nah bei meinem Ausgangspunkt.

Ich versuche, nicht mehr in Tagen, sondern in Wochen, ja in Monaten zu zählen, aber ach, wenn ich an den Rudern sitze, da zähle ich dann in Stunden, in Viertelstunden und manchmal sogar in Minuten! Ich führe eine doppelte Zeitrechnung, die in Wochen für die Überfahrt und die andere, die in Minuten, für meinen Tagesablauf.

An meinen Sitz geschmiedet und durch diese Automatenarbeit abgestumpft, versuche ich, nicht allzuoft auf meine Armbanduhr zu sehen. Ich habe es mir zur Regel gemacht, mir zu jeder vollen Stunde eine fünfminütige Pause zu gönnen. Nun beobachte ich diesen Minutenanzeiger, der sich so langsam im Kreise dreht, als ob er irgendwo festklebte. Bei jedem Ruderschlag scheint sich die Zeit zu dehnen, und jeder neue Ruderschlag scheint mir noch anstrengender als der vorgehende. Jede Minute dauert eine Stunde und jede Stunde einen Tag.

Sechs Stunden an den Riemen und nur fünf Meilen auf dem Log, ein mageres Ergebnis. Trotzdem fühle ich mich tausendmal besser als an meinen erzwungenen Kabinentagen mit ihrer tödlichen Langeweile. Mich quält der Gedanke an den zu Ende gehenden Sommer. Es ist ein schreckliches Damoklesschwert, das da über mir hängt und immer gegenwärtiger, immer schwerer wird, je mehr sich die Wetterbedingungen verschlechtern, bis unwiderruflich die Saison beginnt, in der die Stürme häufiger, länger und gefährlicher sind.

20. August. Ein prachtvolles Wetter nach einer langen Periode des Grau in Grau. Die Nächte waren immer wolkenlos, aber die Tage schleppten sich in einem bleichen Licht dahin, das mir auch den Strom versagte und damit mein Telex lahmlegte. Aber nun, da der Himmel wieder blau ist, werden auch die Batterien wieder aufgeladen, kann ich endlich meine Nachrichten absetzen.

Auf den Amateurbändern höre ich sehr deutlich die Amerikaner vom *Pacific Net*, einem Netz hawaiischer Funker, und an diesem Abend bekomme ich zum erstenmal einen Funkamateur aus San José in Kalifornien herein. Es kommt langsam näher.

Ich befinde mich in einer Hochdruckzone. Leichte Gegenwinde. Ich muß etwas Breite gewinnen, ein bißchen höher nach Norden hinauf. Da oben wartet schlechtes Wetter auf mich. Unter welchem Unstern fahre ich, daß ich mir möglichst viele Tiefs wünschen muß, um schnell voranzukommen?!

Mehrere Linienflugzeuge, sehr hoch am Himmel. Sie folgen sicherlich den *Jetstreams*, jenen starken Luftströmungen in acht- bis zwölftausend Meter Höhe, durch die man bei transozeanischen Flügen etwa zwanzig Minuten gewinnen kann. Wenn ich mir diese andere, so nahe und so andersartige Welt der knapp über mir in bequemen Sesseln sitzenden Passagiere vorstelle, so löst das ein seltsames Gefühl in mir aus. Eine Mischung aus Neid und Gleichgültigkeit.

Der Pazifik ist fürchterlich leer. Im Laufe eines Monats habe ich nur zwei Schiffe gesichtet. Das erste war die *Nissan*, ein »Car carrier«. Diese gigantischen schwimmenden Parkhäuser, die Tausende von Neuwagen über die Ozeane transportieren, sind die häßlichsten Schiffe, die ich je gesehen habe; bei denen weiß man nicht mal richtig, wo vorn und wo hinten ist. Das zweite, ein Chinese, mit dem ich einen kurzen Funkkontakt herstellen konnte, war zur Mündung des Columbia River in Oregon unterwegs.

Der »kleine« Atlantik war da sehr viel mehr befahren. Ich begegnete dort einem russischen Fangschiff, einem norwegischen Frachter, dem Wetterschiff *France-II*, einem Thunfischfänger und einer deutschen Yacht, die am Transat, dem Transatlantischen Yachtrennen, teilnahm und deren Skipper mich zu einem Täßchen Kaffee an Bord bat. Hier dagegen ist es wie leergefegt.

Die Sonnentage kann ich an den Fingern einer Hand abzählen. Ich bewege mich in einer trostlosen, monochromen Welt. Und was die Fische angeht, so frage ich mich wirklich, wo die geblieben sind. Die einzigen Zeugen tierischen Lebens: eine Stechmücke, eine kleine Fliege, ein paar Goldmakrelen, die den Schutz meines Bootsrumpfes suchen, eine verdächtige Dreiecksflosse und der Rücken eines Wals. Und von dem konnte ich nicht einmal ein Foto machen. Bis ich meinen Apparat herausgeholt hatte, war er schon wieder verschwunden.

Aber dann sichte ich plötzlich einen zweiten Wal. Schiff klar zum Gefecht! Dieser Meeressäuger kam mir recht groß vor. Von der Nase bis zum Buckel war er vielleicht zehn Meter lang, soweit sich das auf diese Entfernung – er schwamm etwa hundert Meter vor der *Sector* – überhaupt sagen ließ. In fieberhafter Eile ziehe ich eine Videokamera und einen Fotoapparat heraus. Zu weit weg, um ein Porträt

von ihm zu machen. Ich plätschere mit dem Ruder ein bißchen im Wasser, das lockt sie angeblich an. Keine Reaktion.
Ich zähle wohl überhaupt nicht für ihn. Weil mich das ärgert,
versuche ich, mich ihm auf Ruderblattspitzen zu nähern.
Aber er dreht mir den Rücken zu und taucht dann mit einem
ebenso majestätischen wie verächtlichen Schlag seiner riesigen Schwanzflosse in die Tiefe.

Später – das scheint heute mein Besuchstag zu sein! – zeigt
sich an Steuerbord wieder eine Delphinschule. Auch über
deren Anblick bin ich hoch erfreut. Als ich noch mit Cornélia auf der *Lady Maud* segelte, kamen die Delphine zu Dut-
zenden, um rings um unser Schiff ihren Unfug zu treiben
und in der Bugwelle zu spielen. Aber ihre Cousins aus dem
Nordpazifik haben wohl keine Lust, sich mit einem so toll-
patschigen und schwerfälligen Spielkameraden wie der *Sector* abzugeben. Am liebsten würde ich ihnen zurufen:
»Hallo, ihr da! Ich existiere!«

23. August. Um ein Haar wäre es passiert! Ich stand auf dem
Kabinendach und war dabei, den oberen Teil der Antenne
wieder anzuschrauben, als sie plötzlich unten am Gewinde
abbrach und ich für einen Moment das Gleichgewicht verlor. Ich hatte meine Sicherheitsleine nicht um und wäre fast
ins Meer gestürzt. Ich bin mit einem blauen Auge und einem
riesigen Schrecken davongekommen. Das Boot hatte eine
starke Abdrift; wenn ich ins Wasser gefallen wäre, hätte ich
es nie mehr einholen können.

Eine falsche Bewegung – und alles wäre zu Ende gewesen.

24. August.
Ein schwarzer Tag.
*Heute morgen, 6.30 Uhr: Als ich gerade in der Kabine war,
wurde die Sector durch einen außergewöhnlich großen Brecher umgekippt.*

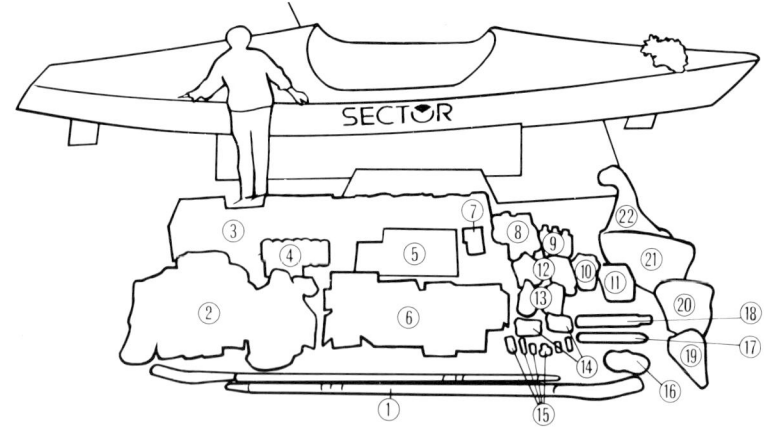

Das muß alles noch an Bord verstaut werden...
1. Ein Satz Ruder – 2. Kleidung – 3. Gefriergetrocknete Nahrung »Lyophal« (125 kg) –
4. Gaskartuschen – 5. Kraftnahrung – 6. Konserven von der *Capitaine Cook* (25 kg) –
7. GPS-Satelliten-Navigationssystem (Global Positioning System) – 8. Bücher –
9. Plastikflaschen für Trinkwasser – 10. Seenotraketen – 11. Bordapotheke – 12. Schlafsäcke – 13. Photoapparate und Filme (in wasserdichten Säcken) – 14. Sony-Video-
kameras, wasserdichte Gehäuse – 15. Taschenlampen, Blinklichter – 16. Sitz –
17. Radarreflektor – 18. Meerwasserentsalzungspumpe (statisch, Notaggregat) –
19, 20, 21, 22. Treibanker mit Ankertauen.

... das ist alles schon untergebracht und installiert:
6 Solarkollektoren – Batterien – 2 Paar Ruder – Seekarten – Sextant – Funkgerät –
Telex – Kocher – Wasserkessel – Pfanne – Batterien – Angelgerät – 2 Meerwasserent-
salzungspumpen – Kompaß – Speedometer-Log – Ballastwasserpumpe – Werkzeug –
Bootsreparatur-Satz – Wein-Behälter (3 × 5l). *Photo: Laurent de Bartilla*

Im Inneren der *Sector:* Rechts im Bild die Ventilhebel, mit denen ich das Meerwasser nach Wunsch in die verschiedenen Ballasttanks leite, um das gekenterte Boot aufzurichten. Dahinter der wasserdichte Behälter für die Funkanlage. *Photo: Dominique Aubert/Sygma*

Die *Sector* liegt auf dem Rücken. Ich pumpe Meerwasser in einen der seitlichen Ballasttanks, um das Boot wieder aufzurichten. *Photo: Gérard d'Aboville/Sygma*

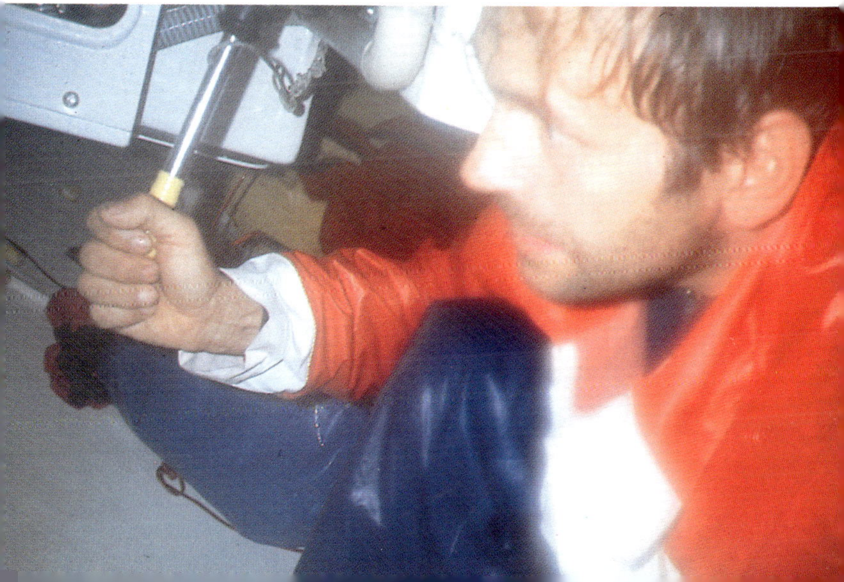

Wenn möglich arbeite ich bei der Standortbestimmung mit Sextant und Chronometer, denn die Satelliten-Navigation kostet viel Batteriestrom. *Photo: Gérard d'Aboville/ Sygma*

Ab und zu eine Konserve von der *Capitaine Cook* ist eine willkommene Abwechslung im Einerlei meiner gefriergetrockneten Gerichte. *Photo: Gérard d'Aboville/Sygma*

19. November. Der Fischdampfer *Miss Mary*, der mir in stürmischer See entgegenfährt, findet eine gekenterte *Sector* vor. *Photo: Sygma*

Ein paar Stunden später: die *Miss Mary*, von der *Sector* aus gesehen. *Photo: Gérard
d'Aboville/Sygma*

Nach ihrem letzten Purzelbaum klafft ein mehr als fünfzig Zentimeter langer Riß im
Kabinendach der *Sector*. *Photo: Gérard d'Aboville/Sygma*

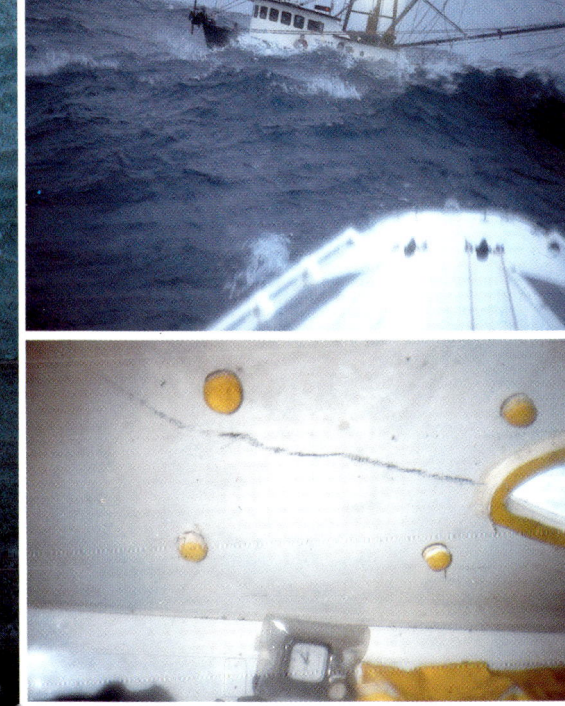

29. Oktober: Begegnung mit dem russischen Frachter *Pskow*, der mich unbedingt an
Bord nehmen will. *Photo: Sygma und Gérard d'Aboville/Sygma*

20. November: Von der *Miss Mary* aus signalisiert mir Olivier de Kersauson: »Dreh
dich um!« Hinter mir, die amerikanische Küste... *Photo: Dominique Aubert/Sygma*

21. November, 12.15 Uhr: Im Hafen von Ilwaco! Von nun an ist meine Pazifiküberquerung Geschichte. Einen Tag zuvor, als ich auf dem offenen Meer an Bord der *Miss Mary* kletterte, sah ich noch wie ein k. o. geschlagener Boxer aus. *Photo: Gilles Klein / Sipa-Sport und Dominique Aubert / Sygma*

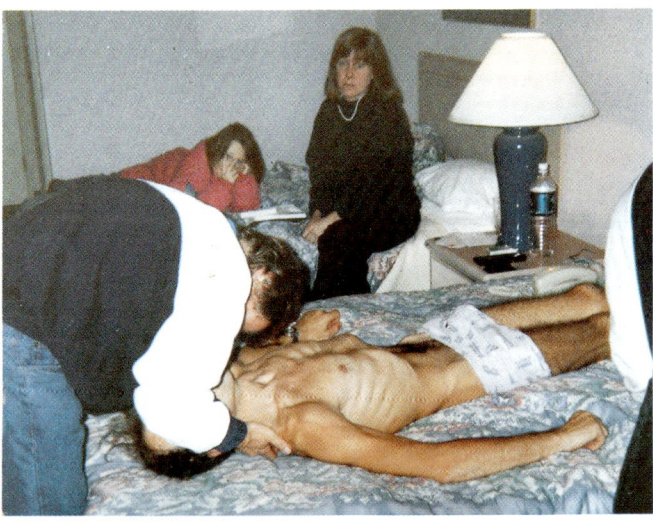

Die Menge ist verstummt, der magische Augenblick ist da. Cornélia, Ann und Guillaume lassen ihren Tränen freien Lauf, während ich noch ganz im Bann der *Sector*
stehe. *Photo: Dominique Aubert / Sygma*

Nachdenklich betrachten Cornélia und Ann, was von mir übriggeblieben ıst: nicht
viel! *Photo: Gérard d'Aboville*

Ich versuche alle möglichen Ballast-Kombinationen, krieche von einer Seite auf die andere, um das aufrichtende Moment des Boots zu verstärken, schufte wie ein Tier, eine ganze Stunde lang. Aber es nützt alles nichts. Ich bin schweißgebadet, mir geht die Luft aus, ich habe das Gefühl zu ersticken. Mein Herz spielt verrückt und zieht sich krampfartig zusammen. Je mehr ich mich ängstige, desto weniger Luft bekomme ich, desto schneller schlägt mein Herz. Ich montiere die Speedometer-Schraube ab, um in dem Bootsboden über meinem Kopf eine Öffnung zu schaffen. Durch das Loch spritzt Wasser, auch ein dünner Luftstrahl dringt herein, aber ich ringe noch genauso nach Atem wie vorher. Ich beschließe, einen Ausstieg zu versuchen. Eine Verzweiflungstat, denn ich weiß nicht, ob ich das Boot von außen wieder aufrichten kann, wenn die Kabine erst einmal voll Wasser ist.

Was jetzt kommt, ist wie ein Film, den ich schon hundertmal in meinem Kopf abgespult habe. Ich mache die Seenotboje klar, die an meinem Schenkel befestigt ist. Es wird schwierig werden, aus der umgedrehten *Sector* auszusteigen; ich gerate dabei unter das Cockpit eines durchgekenterten, wild hin und hergeworfenen Bootes. Ich habe Angst, eingeklemmt zu werden und nicht mehr freizukommen.

Ein Wunder: Gegen 8.15 Uhr richtet sich die *Sector* endlich auf.

Ich habe eindreiviertel Stunden in der umgedrehten Kabine verbracht. Ich sacke auf meine Liege und brauche ganze zwei Stunden, um wieder zu Atem zu kommen. Ich bin unfähig, irgend etwas zu tun, was es auch sei.

Ich habe mich wieder an die Riemen gesetzt. Die See ist noch hohler geworden. Ich lege einen Surf nach dem anderen hin, mit fast 12 Knoten. Es ist idiotisch und gefährlich, bei diesem Wetter zu pullen. Aber ich kann nicht anders, ich muß mir einfach die Erinnerung an dieses schreckliche Erlebnis von heute morgen, an dieses Gefühl des Eingeschlossenseins, aus dem Kopf pullen.

Und plötzlich kentere ich. Ich bleibe unter dem Cockpit hängen, mein Sicherheitsgurt hat sich irgendwo verhakt. Ich kämpfe wie ein Verrückter. Manchmal schaffe ich es, an der Bootskante den Kopf aus dem Wasser zu strecken und nach Luft zu schnappen. Ich schlucke auch viel Wasser. Das wogt gewaltig, das hämmert. Ein Alptraum. Mitten in diesem Hexenkessel aus Gischt und weißem Wasser versuche ich verzweifelt, meinen Gurt loszuschnallen. Meine Kräfte schwinden rasend schnell, ich sehe das Ende vor mir. Endlich komme ich frei, ich bin völlig erschöpft. Aber ich muß mich noch bis zum Heck ziehen, an der Handleiste entlang. Die *Sector* driftet schnell. Wenn meine Finger loslassen, fährt sie mir davon. Am Ruderblatt festhalten und mein ganzes bißchen Kraft zusammennehmen, um mich auf den Rumpf hochzuziehen. Geschafft. Rittlings arbeite ich mich bis zur Mitte des rutschigen, furchtbar hin und herschwankenden Bootsbodens vor. Das lose Ende der am Kabinendach belegten Ankerleine treibt im Wasser. Ich angle mit dem Fuß nach ihr, fische sie auf, hänge mich mit meinem ganzen Gewicht daran und schaffe es so tatsächlich, die *Sector* aufzurichten, die mich dann allerdings unter sich begräbt. Ich habe nicht mehr die Kraft, mich an Bord zu ziehen. Ich angle mir die treibende Leine wieder, achte gleichzeitig darauf, daß ich wieder zu Atem komme, schaffe es dann, zuerst einen Fuß ins Cockpit hineinzubringen, danach ein Bein... und jetzt bin ich drin. Ich breche zusammen und übergebe mich.

Es ist 17.30 Uhr. Ich bin todmüde und sehr demoralisiert. Ich weiß, es wäre klüger, aufzugeben. Aber ich weiß auch, daß ich das nur tun würde, wenn es nicht anders ginge, wenn ich dazu gezwungen wäre. Ob es dann aber nicht zu spät wäre? Eben hat mich der Tod nur um Daumesbreite verfehlt.

25. August.

Gestern und den ganzen heutigen Tag fast nichts gegessen, und in der letzten Nacht habe ich nicht geschlafen, stehe noch unter Schock, habe Erstickungsanfälle. Ich hatte alles dicht gemacht; nach einem Gang nach draußen hörten sie auf. Wahrscheinlich war die schlechte Luft schuld daran.

Gefühl zu ersticken. Die erste Kenterung hat mich stärker geschockt als die zweite, bei der ich binnen kürzester Zeit handeln, Entscheidungen treffen, kämpfen mußte. Aber gestern morgen, als ich unter dem umgedrehten Boot hing und kurz vorm Ersticken war und mein Herz so wild schlug, da fühlte ich mich wie ein Tier in der Falle, gefangen.

Die größte Gefahr ist das Selbstmitleid. Dieser Augenblick der Schwäche. Ich meine nicht die Versuchung, aufzugeben, die Seenotboje zu betätigen und sich von einem Schiff auffischen zu lassen, nein, sondern die, sich selbst aufzugeben und sterben zu wollen, weil man sich sagt: »Ja, das ist einfach zu schwer, jetzt bin ich nochmal gekentert, einmal zuviel, ich bin draußen, ich laß alles sausen.« Idiotischerweise. Denn in einer bestimmten Situation ist es leichter, sich geschlagen zu geben, als weiterzukämpfen.

Außer mir haben sich 1980 noch zwei aufgemacht, den Atlantik einhand zu überqueren. Sie sind verschwunden. Ich glaube auch zu wissen, wann, bei welchem Sturm und wie: in dieser Art von Depression, totaler Verzweiflung, nachdem ihr Boot wieder und wieder gekentert war. Wenn dieser Moment herannaht, wird die Gefahr am größten.

Als ich zum zweitenmal kenterte, schien ein bißchen die Sonne, und das hat mir geholfen. Ich weiß nicht, wie das ausgegangen wäre, wenn es nachts passiert wäre.

Ich habe diese Löcher in mir gespürt, diese Zeiten der Entmutigung. Wenn die Moral erschüttert ist, wenn einen die schwarzen Gedanken erdrücken. So manches Mal habe ich vor Müdigkeit und Überdruß geweint. Das Gefühl, etwas Sinnloses, Lächerliches zu tun. Ich bin normalerweise eher ein Typ, der alles auf die leichte Schulter nimmt. Aber wenn ich solche alptraumhaften Stunden hinter mir hatte – und dabei ganz genau wußte, daß die nächsten Tage und Wochen noch viel grausiger werden würden –, ging mir ein Gedanke durch den Kopf: »Und wenn das alles keinen Sinn hätte? Und wenn ich nur ein Hanswurst mitten im Ozean wäre, einer von denen, von denen es auf dem Land schon mehr als genug gibt – wozu dann diese idiotische Überlebenswut?«

Die Antworten – oder was dafür gelten könnte – werden am Ende dieser Überfahrt kommen. Weil ich durchgehalten und mich ganz und gar auf dieses Ziel konzentriert haben werde, den Ozean zu überqueren, und ihn dazu vor und während der Fahrt hundertmal, tausendmal in Gedanken überquert haben werde. Dieses Ziel hat mich so fest an die Kandare genommen, daß ich ihm mit Leib und Seele gehorche.

Als ich eines Abends die Nachrichten von Radio France Internationale hereinbekomme, erfahre ich, daß Bangladesch von einem Taifun heimgesucht wurde, der Dutzende oder Hunderte von Todesopfern gefordert hat. Dabei hatte es dort ein paar Wochen zuvor schon einmal Tausende von Toten gegeben. Ich notiere in meinem Logbuch:

Leiste ich mir mit dieser Pazifiküberquerung nicht einen unerhörten Luxus? Ich verzichte auf jede Bequemlichkeit, setze grundlos mein Leben aufs Spiel, während so viele andere erbittert ums Überleben und um ihr täglich Brot kämpfen. Natürlich kann man das irgendwie anstößig finden. Aber wer weiß, ob nicht selbst dort unten, zwischen zwei Stürmen, ein paar kleine Jungen davon träumen, eines Tages große, unnütze Dinge zu vollbringen?

26. August. Eine Libelle im Cockpit! Wo die wohl herkommt? Sie wirkt völlig groggy. Vielleicht hat sie ein Sturm irgendwo über der Halbinsel Kamtschatka in hohe Luftströme gewirbelt, die sie Tausende von Seemeilen weit, bis in die Mitte des Ozeans getragen haben, um sie dann hier bei mir abzusetzen. Ich habe sie aufgelesen, aber als ich sie mit ein bißchen Zuckerwasser füttern wollte, ist sie erschrocken und hat das Weite gesucht.

16.30 Uhr, Kenterung.
Sie war so brutal, daß meine Antenne abbrach. Ich konnte die *Sector* aber, ohne allzu große Probleme, in fünf Minuten wieder aufrichten. Ich bastle einen neuen Antennenanschluß für den abendlichen Funkverkehr.

Schwacher Funkkontakt mit Eddy – FK8CR –, der mir zwei Nachrichten vorliest, die eine von Cornélia, die andere von Guillaume. Seit einigen Tagen liefern meine Solarzellen praktisch keinen Strom mehr; der Gedanke, daß dies vielleicht die letzte Nachricht von den beiden gewesen sein könnte, macht mich ganz krank.

In dieser Nacht habe ich die *Sector,* trotz des starken Seegangs, so achterlastig wie nur möglich getrimmt und dazu die Hecktanks randvoll gepumpt und die Schwerter ganz ins Wasser abgesenkt, um zu verhindern, daß sie sich mit dem Bug in die Wellen bohrt. Das Boot läßt sich zu fünf bis zehn

101

Sekunden langen Surfpartien hinreißen, die mir die Haare zu Berg stehen lassen. Es wird von der Woge hochgehoben, nach vorn geschleudert und senkt sich dann mit ihr und in einer halsbrecherischen Geschwindigkeit hinab. Würde sie jetzt unterschneiden, dann würde sie sich sofort überschlagen. Ich schlafe mit dem Kopf zum Heck, um mir nicht womöglich noch am Querschott den Schädel einzuschlagen. Dieses Mal ist es ohne Bruch abgegangen. Aber wie oft noch?

28. August.
Vormittags erneute Kenterung, aber ohne Havarien.
Das war jetzt bereits meine fünfte.

Am Abend des 29. kann ich dann, über den Umweg einer japanischen Seefunkstelle, mit meinen Eltern daheim in Kérantré telefonieren. Eine schwierige, abgehackte und von Echos überlagerte Unterhaltung. Aber trotz allem: Ich konnte mit meinem Vater ein paar Worte wechseln und auch mit Guillaume, der gerade bei ihnen zu Besuch war. Zuerst trauten sie ihren Ohren nicht. Und das alles in einer schönen Mondnacht mitten im Meer.

31. August.
Ein prachtvoller Tag, fast die ganze Zeit Sonne, eine gute Séance an den Riemen, manchmal splitterfasernackt. Wenn der Winter nicht schon so nahe und ich nicht so ein armer Teufel wäre, der ganz allein über den Pazifik fährt, wäre das Leben gar nicht so schlecht!

Ich habe einen Fisch im Cockpit gefunden. 35 Zentimeter lang und sehr, sehr eßbar. Ich habe mir ein Mittagessen daraus gekocht. Übrigens ist heute Freitag.

Am Anfang hatten mich ein paar Goldmakrelen, die sich im Schutze meines Bootsbodens tummelten, ein Stück Wegs begleitet. Auf dem Atlantik war das mein Speiseschrank gewesen, ein Aquarium, aus dem ich mich (fast) nach Belieben mit Fischen versorgen konnte. Aber meine pazifischen Begleiter haben mich sehr schnell im Stich gelassen, ganz sicher, um wärmere Gewässer aufzusuchen.

Dieser vom Himmel gefallene Fisch wird mein einziger Fang sein. Bei einer Kenterung habe ich meine ganze Angelausrüstung verloren, weil sich der Riegel des Cockpit-Schapps löste, in dem sie verstaut war. Aber wahrscheinlich hätte sie mir auch nicht viel genützt, denn diese Gewässer hier sind wie ausgestorben.

Wenn ich auch in dieser Wasserwüste keiner Menschenseele begegne, so sind doch die Spuren meiner fernen Artgenossen allgegenwärtig. Ihr Schmutz ist überall zu sehen. Oh, es handelt sich dabei nicht um jene viel beredete, wirklich schlimme und schockierende Art der Umweltverschmutzung, die von den Öltankern ausgeht, sondern um die schleichende Verschmutzung durch eine Unmenge kleiner Abfälle, durch Fetzen von Plastiktaschen, Styroporbrocken etc.

Etwa alle zwanzig Minuten kommt so ein Stück Abfall in Sicht. Wenn man in Rechnung stellt, wie langsam ich fahre und wie eng begrenzt mein Blickfeld ist, kann man sich ja ungefähr denken, welche Abfallberge da zusammenkämen, wenn man all das einsammeln würde. Diese Materialien sind praktisch unvergänglich, und jedes Jahr trägt seinen Teil zu dieser Flut bei, eine Menge, die im übrigen von einem Jahr zum andern größer wird. Welche Ironie vor allem, wenn man bedenkt, daß dies nicht die Reste der Produkte sind, die wir konsumieren, sondern reine Verpackungsabfälle.

Natürlich hat dieser Typ der Umweltverschmutzung nicht die tragischen Auswirkungen einer Ölpest. Aber für meine Psyche ist dieser Anblick verheerend! Ich fühle mich wie ein

Bergsteiger, der den Gipfel des Annapurna erstiegen hat und dort oben dann auf eine Bierdose tritt. Das tut zwar der Leistung, die man vollbracht hat, keinen Abbruch, beschädigt und zerstört aber den Traum, den man träumte.

Aber ein Gutes hat die Sache: Ich kann wie ein Clochard im Müll stöbern, nach Verwertbarem suchen. Heute morgen habe ich ein großes Parallelipiped aus Styropor aufgefischt, das, auf dem Kabinendach befestigt, nach einer Kenterung das Aufrichten des Bootes erleichtern könnte.

Eine kleine Krabbe, die sich an einer driftenden Netzboje festgeklammert hat, läßt mich an den Kleinen Prinzen und seinen Planeten denken. Ich lade den gepanzerten Winzling zu einem Mittagessen an Bord ein. Er nimmt an und tut sich an meinem gefriergetrockneten Reis gütlich.

Am Nachmittag habe ich eine kleine Flaschenpost auf die Reise geschickt. Im Atlantik hatte ich der Meerpost fünf Rumflaschen anvertraut, aber nie eine Antwort bekommen. Ich hoffe, daß diese sich nun ihren Empfänger sucht, und habe dem oder der Finder/in »für die Rücksendung der inwendigen Nachricht eine Belohnung von 100 Dollar« ausgesetzt. Ich hätte wohl nicht verbindlicher sein können. Aber mit dem Ergebnis meiner Aktion hätte ich denn doch nicht gerechnet. Zu meiner Überraschung sollte ich nämlich zwei Antworten bekommen. Und was für Antworten! Nach meiner Rückkehr veröffentlichte *Paris Match* das Foto, das ich von der Nachricht gemacht hatte und auf dem auch meine Privatadresse zu sehen war; und kurz darauf erhalte ich aus Venezuela eine Kopie dieses auf kariertem Papier geschriebenen Briefs. Außerdem schickte mir ein kleiner Schlauberger aus Schwarzafrika das ganz offensichtlich aus dem *Paris Match* ausgeschnittene Foto – und zwar mit einem Schreiben, in dem er die versprochenen 100 Dollar einforderte. Er meinte wohl, das Geld schon in der Tasche zu haben. Ich schickte ihm dann die Fotokopie eines 100-Dollar-Scheins. Ein Foto für ein Foto.

Nach meiner Rückkehr werde ich etwa viertausend Briefe bekommen. Zu meiner großen Überraschung – und im Gegensatz zu denen, die ich nach der Atlantiküberquerung erhalten hatte – sagen die meisten von ihnen eher »Dankeschön« als »Bravo!«. Als ich das erste »Danke« lese, denke ich noch, mit einem Sonderfall zu tun zu haben. Aber beim zehnten, beim hundertsten werde ich langsam nachdenklich. Danke wofür? Meine Reise verfolgte keine altruistischen Ziele. Ich bin kein Guru und habe keine Botschaft zu verkünden, will die Welt nicht über irgend etwas aufklären, nicht das Licht in irgendeine Finsternis bringen. Und doch habe ich, ganz ohne es zu wollen, Strafgefangenen und Arbeitslosen wieder Hoffnung, Verzweifelten einen neuen Lebenssinn gegeben und etwas Sonne in den grauen Alltag alter Menschen gebracht.

Unter ihnen, dieser »Weggefährte«:

»Du hast mir ganz schön geholfen in diesen 134 Tagen, verdammt, und vielen anderen Knackies auch, das weiß ich gewiß. Ich hab' Rotz und Wasser geheult, als Du angekommen bist. Live. Deine Kraft und Bescheidenheit, die haben mich umgehauen. Du hast Millionen von Träumen wahr werden lassen, für uns Justiz-Behinderte. ›Wir sind doch keine Schlappschwänze‹, als Du das gesagt hast, hab' ich gelacht. Und im Gefängnis ist Lachen was Seltenes. Grüß Dich.«

Dann wird es da noch diesen kleinen Ladenbesitzer aus meinem Viertel geben, der, nachdem er gegen Ende meiner Überquerung Cornélia wiedererkennt, zu ihr sagen wird:

»Sie haben Glück, daß Sie mich hier überhaupt noch antreffen. Die Geschäfte gingen schlecht, ich hatte wirklich die

Nase voll und wollte den Laden zumachen. Und dann habe ich im Radio Tag für Tag die Reise Ihres Mannes verfolgt; was er da macht, ist großartig. Wissen Sie, daß er mir wieder neuen Mut gegeben hat? Ich hab' mir gesagt: Auch ich werde es schaffen! Ich hab' nicht aufgegeben, ich glaube jetzt, daß ich es packen werde. Ich bin nun ganz sicher, daß ich mich wieder hochrapple. Und Ihr Mann, der wird es auch schaffen.«

»Das hat doch alles keinen Sinn«, habe ich mir im Verlauf meines Abenteuers wohl hundertmal gesagt. Nun denn, »das alles« hat doch einen Sinn gehabt. Es hat nicht mehr gebraucht, als daß ein ganz normaler Mensch, der ganz normal gebaut und nur mit ganz einfachen Hilfsmitteln ausgestattet ist, die Grenzen seiner Leistungsfähigkeit testet, sie weiter hinauszuschieben versucht, um Tausenden von Menschen neue Hoffnung und neue Kraft zu geben. Ich habe es geschafft, warum nicht auch sie?

Als ich mir bewußt wurde, was da an Identifikationsprozessen abgelaufen war und ablief, habe ich mir natürlich schon so meine Fragen gestellt, Gewissensfragen. In solchen Fällen ist Vorsicht angebracht. Zu viele Erfahrungen werden vereinnahmt, mißbraucht und zu viele Unternehmungen verdreht, sinnentfremdet. Aber wenn ich darüber nachdenke – und darüber denke ich nun schon seit meiner Rückkehr nach und werde wohl frühestens in zehn Jahren aufhören, darüber nachzudenken, sobald nämlich in meinem Kopf jeder Ruderschlag seinen Platz gefunden haben wird und alles abgeklärt, abgewogen und vertieft sein wird –, dann ist das doch auch schon etwas, nachgewiesen zu haben, daß man die Kraft, die man für seinen persönlichen Erfolg benötigt, aus sich selbst schöpfen kann.

Die Kehrseite der Medaille ist natürlich: Bei all denen,

die mein Abenteuer verfolgten, hätten im Falle meines Scheiterns Pessimismus und Mutlosigkeit wieder die Oberhand gewonnen. Aber nach dem Interesse zu urteilen, das mein Unternehmen bereits vor seinem Beginn und jedenfalls vor seinem glücklichen Ende geweckt hat, meine ich sagen zu können, daß schon das Wagnis allein, auch wenn der Erfolg ausbleiben sollte, positive Konsequenzen haben kann.

7.
Überleben

2. September. Noch ein Tag, der fast mein letzter geworden
wäre. Dabei hatte ich mir doch nach der Kenterung vom
3. August, die mich draußen im Cockpit überrascht hatte,
fest vorgenommen, alles zu tun, um eine derart lebensge-
fährliche Situation zu vermeiden. Bei sehr schlechtem Wetter, hatte ich beschlossen, bleibe ich auf jeden Fall in meiner
Kabine und verlasse sie nur für die wirklich unumgänglichen
Manöver und Korrekturen am Treibanker.

Woran liegt es diesmal? Ist es der Überdruß nach einem
ganzen Vormittag in der engen Kabine? Oder das Bedürfnis, etwas zu tun? Oder die Verlockung eines Sonnen-
strahls? Jedenfalls klettere ich ins Cockpit hinaus, um mit
meinem wasserdichten Fotoapparat ein paar Aufnahmen zu
machen.

Kaum habe ich die Kabinentür hinter mir geschlossen, da
tost schon ein Brecher heran, der die *Sector* umwirft.

Ich bin wie betäubt von dem Schock. Das kieloben lie-
gende Boot krängt etwas zu meiner Seite; ich versuche vergeblich, die Handleiste zu fassen, sie liegt zu tief im Wasser.
Bei jedem neuen Brecher begräbt mich die quergeschlagene
Sector wieder unter sich. Wenn das so weitergeht, wird sie
mich entweder zerschmettern oder ersäufen. Es bleibt nur
eine Lösung: auf die andere Seite hinübertauchen. Um nicht
noch mal hängenzubleiben, löse ich meinen Sicherheitsgurt.
Von nun an kann der kleinste Fehler, jeder schlecht sitzende
Griff das Ende bedeuten, denn die *Sector* driftet sicherlich
schneller, als ich schwimmen kann. Zwischen zwei Wogen
schlüpfe ich unterm Cockpit hindurch und arbeite mich

dann, nun auf der richtigen Seite und immer mit einer Hand an der Leiste, bis zum Heck. Wie gewohnt, ziehe ich mich jetzt auf den Bootsboden hoch und stütze mich dabei aufs Steuerruder. Den im Wasser schwimmenden, mit dem Trageriemen an meinem Handgelenk befestigten Fotoapparat habe ich wieder an mich gebracht. Während ich mich noch dafür verfluche, daß ich mich aus einem so lächerlichen Grund in solch einen Schlamassel hineingeritten habe, krieche ich nach vorn und schieße von der durchgekenterten *Sector* ein Foto. Kein großartiges Bild, aber was für ein Dokument!

Bleibt nur noch, mein Gefährt mit derselben Methode wie beim letztenmal wieder aufzurichten, mit der unten durchgeführten Leine. Ich bin ganz schön ins Schwitzen gekommen.

Unter diesen Bedingungen, solange mein Leben auf dem Spiel steht, Fotos zu machen, das könnte manchem absurd erscheinen. Ich selbst sehe in dieser scheinbaren Verrücktheit eher eine Möglichkeit, solchen Augenblicken etwas von ihrer tatsächlichen Dramatik zu nehmen. Ich werde des öfteren, noch während ich mit der Pumpe und den Ventilschiebern kämpfe, um das gekenterte Boot wieder aufzurichten, mit dem Apparat in der ausgestreckten Hand meine Selbstporträts machen.

Ich bin überzeugt, daß dieses Fotografieren in Augenblicken höchster Gefahr und höchster Anspannung für mich ein Mittel ist, um mir zu versichern, daß ich noch an meine Zukunft glaube und daß all das eines Tages nur noch eine schlechte Erinnerung sein wird, ein Mittel, um der Gegenwart die Stirn zu bieten und meine Geschichte selbst zu schreiben. Außerdem, wenn ich ein Foto mache, heißt das im Grunde nicht auch, daß es mir ja so schlecht noch nicht gehen kann?

Zur Videokamera habe ich ein ganz anderes Verhältnis. Obwohl meine kleine Sony auch in einem wasserdichten Gehäuse steckt, erfordert ihr Einsatz doch einiges an Vorbereitung, so daß er auf Schönwettertage beschränkt bleibt. Während man mit dem Foto auch flüchtige Momente und Gefühle festhalten kann, verlangt die Videokamera schauspielerische Leistungen. Da mein Batterien- und Kassettenvorrat begrenzt war, konnte ich sie nicht stundenlang laufen lassen, sondern nur ganz kurz und gezielt; unter solchen Umständen fällt es mir aber nicht leicht, natürlich zu sein, wenn ich mich selbst aufnehme.

Zudem erschien mir das Filmen, das zu Beginn der Reise noch eine willkommene Abwechslung war, angesichts meines langsamen Vorankommens sehr bald als eine unerträgliche Zeitverschwendung.

3. September.

Ein Alptraum von einem Nachmittag, mit drei Kenterungen. Bei einer von ihnen geht der Antennenschaft zu Bruch, den ich an seinem Platz belassen hatte, weil ich ihn für unverwüstlich hielt.

Die *Sector* läuft vor den Wogen ab. Sie hat viel Fahrt drauf. Die Brecher toben brüllend heran, packen sie und beschleunigen sie auf 15 oder 20 Knoten. Wenn alles gut geht, hebt sich ihr Bug irgendwann in die Höhe, und die Welle läuft unter ihr durch; aber manchmal unterschneidet das Vorschiff. Das ist dann, als ob man gegen eine Wand aus Beton führe! Das Wasser prallt mit einem fürchterlichen Schlag gegen das Cockpitschott, das Boot wird brutal gestoppt, Vollbremsung. In der Kabine wird alles, was nicht niet- und nagelfest ist, nach vorn geschleudert; und meist kommt es dann auch zur Kenterung.

Jede dieser Kenterungen bringt mir ihren Teil an Schmerzen, Angst und Überraschungen. Einmal brach der Splint, der den Rahmen meiner Liege sichert. Zwischen deren Spanntuch und dem Boden hatte ich aber meine Reservekleidung geklemmt, die ich nun mit der einen Hand festhalten mußte, während ich mit der anderen die Pumpe betätigte. Ein andermal verschob sich der auf dem Kabinendach vertäute Styropor-Block; in seiner neuen Position verhinderte er, daß die *Sector* sich wieder aufrichtete. Ich sah ihn durch eines der Bullaugen, konnte aber nichts daran ändern. Zum Glück kam mir eine Woge zu Hilfe und hat das Boot umgedreht.

Wovor mir wirklich graut, ist die Vorstellung, ins Meer geschleudert zu werden. In so einem Fall hätte ich weder die Zeit noch die Möglichkeit, einen Notruf abzusetzen. Meine Seenotboje, die Signale in Richtung eines Satelliten abstrahlt, nützte mir dann überhaupt nichts. Meine Freunde und Bekannten an Land würden keinerlei Funkspruch mehr von mir empfangen. Sie würden das zuerst mit Problemen der Stromversorgung erklären, da ich ihnen ja gesagt hatte, daß so etwas immer mal passieren könnte und sie sich so lange keine wirklichen Sorgen machen und das Schlimmste befürchten müßten, wie ich meine Seenotboje nicht in Gang setzte.

Eine unerträgliche Vorstellung für mich, wie meine Familie dann auf ein Lebenszeichen von mir warten, ganz zwangsläufig weiter hoffen und sich an den Gedanken klammern würde, daß ich ja genug Lebensmittel an Bord hätte, um eine sehr lange Zeit durchzuhalten. Es gibt nichts Schlimmeres als ein Verschwinden. Der Gedanke an dieses von falschen Hoffnungen genährte Warten quält mich und läßt mir keine Ruhe.

Ich treibe keine endlose Nabelschau, stelle mir nicht ständig einen Haufen Fragen über das Warum und das Wie und das Warum des Wie.

Ich würde eher sagen: »Anstatt darüber nachzugrübeln, warum Sie das tun und was es Ihnen bringen könnte oder was Ihnen entgangen wäre, wenn Sie es nicht getan hätten: Tun Sie es, das ist schon eine ganze Menge!« Wenn es denn der Antworten bedarf – sie werden schon kommen. Für mich ist der Gedanke ein Kind des Handelns. Ich gehöre nicht zu jenen Stubengelehrten, die sich bei der Entwicklung einer Idee auf die Feststellungen, Meinungen und Überzeugungen stützen, die sie aus der Gesellschaft um sie herum beziehen, oder auf die Theorien ihrer Fachkollegen. Nein. Ich brauche die Praxis, das eigene Tun, selbst wenn ich das Rad neu erfinden sollte. Immer dieses verdammte Bedürfnis nach Unabhängigkeit, Eigenständigkeit!

Wenn sich das Handeln auf einem so anspruchsvollen Niveau abspielt, wie in diesem Fall, dann geben die Freude über den Erfolg, aber auch die Gefahren, Ängste und das Gefühl der Todesnähe jedem einigermaßen wachen Geist zweifellos genug Stoff und tausendfachen Anlaß zum Nachdenken.

Mein spezieller Fall mit seinen endlosen Rudertagen, die zwar meinen Körper mit Beschlag belegen, meinen Gedanken aber freien Lauf lassen, bietet dafür die allerbesten Voraussetzungen. Aber ich weiß sehr wohl, daß das tiefgründigste Nachdenken erst später kommen wird, viel später, dann nämlich, wenn meine Intuitionen sich an den Realitäten gerieben haben werden, die ich bei meiner Rückkehr vorfinden werde.

Daher wäre es mir auch nicht im Traum eingefallen, mir vor meiner Abfahrt die Frage zu stellen, was diese Überquerung für eine Philosophie über den Sinn des Lebens erbringen könnte. Wenn es denn etwas zu entdecken gibt, dann werde ich es vielleicht entdecken. Wir werden ja sehen.

Rückblickend kann ich sagen, daß ich mindestens zweimal Gelegenheit gehabt hätte, mich gehen zu lassen. Zweimal wäre der Tod eine Erleichterung, die einfachste Lösung gewesen. Meine körperliche Erschöpfung und die von der Einsamkeit genährte Verzweiflung, die Überzeugung, daß alle meine Anstrengungen vergeblich sein müßten, und eben die Umstände insgesamt hatten den Boden dafür bereitet.

Warum habe ich dann aber trotzdem mit solch einer Energie weitergekämpft?

Der Überlebensinstinkt? Einverstanden, aber was ist das, dieser Überlebensinstinkt?

Die Angst vor dem Kummer und der Verzweiflung der anderen, derer, die auf einen warten? Ein zu kompliziertes Motiv für eine derartige Situation, in der nur noch das Tier in einem reagiert. Das Gehirn wird von einem einzigen Gedanken, dem Gedanken an die Zweckmäßigkeit der jetzt fälligen Handlung und deren tadellose Ausführung beherrscht.

Warum dann?

Erst später habe ich nach und nach begriffen, daß ich vielleicht ganz einfach noch nicht bereit gewesen war.

Und wenn das Leben ein Weg wäre, den man durchlaufen muß, und wenn der Tod, der an dessen Ende steht, ein natürliches Phänomen wäre, genauso natürlich wie die Jahreszeiten... Wo gibt es denn das, außer bei einer Katastrophe, daß ein Baum seine Blätter im Frühjahr verliert?

Der Tod wäre dann nur eine Etappe. Aber eine Etappe, die man zu *ihrer Zeit* nehmen muß, einer Zeit, die für einen Menschen im Normalfall, außer bei einer Katastrophe auch hier, am Ende eines sechzig, achtzig Jahre in Anspruch nehmenden, mehr oder weniger bereichernden Weges steht, dessen einzelne Etappen alle ihren Platz und ihre besondere Rolle haben: erwachsen werden, etwas erschaffen, altern, um nur die wichtigsten zu nennen, mit all den Erfahrungen, Dramen und Freuden, die sie begleiten.

Die Angst, beispielsweise, daß man sterben könnte, bevor man seine Kinder aufwachsen gesehen hat, würde sich dann sehr viel weniger aus Überlegungen materieller Art als aus diesem Moment der »unvollendeten Etappe« erklären, aus dem Bewußtsein, daß ihr Lebensfrühling zerstört wäre und mein Lebensherbst ausbleiben würde.

Umgekehrt wäre der, der *seinen Weg gegangen ist*, am Ende dieser Reise ganz sicher heiter und gelassen und würde seinen Tod akzeptieren.

Würde das nicht auch eine Ahnung, eine Vorstellung von einem Leben nach dem Tode nahelegen?

Vielleicht. Erwarten Sie auf diese Frage bitte keine Antwort von mir: Ich habe noch eine weite Strecke vor mir. Ich bin erst, wenn alles gut geht, in der Mitte meines Lebenswegs, jener ganz großen Überquerung.

8.
Taifune

5. September.

Alles Gute zum Geburtstag, lieber Gérard!

Einen »schönen Geburtstag« wage ich mir gar nicht mehr zu wünschen, dazu hat dieser Tag viel zu häßlich angefangen: auffrischender Südostwind, fallendes Barometer, Regen und schwarzer Himmel.

Gute Aussichten also auf weitere 24 Stunden Quälerei.

Aber wenigstens bin ich sechsundvierzig Jahre alt geworden, das ist doch auch schon etwas. Vor ein paar Tagen war das noch alles andere als sicher!

Das Boot liegt bei, der Treibanker ist ausgebracht, und so vertreibe ich mir meine Schlechtwetterlaune mit der Lektüre der Briefe, die mir meine kleine Familie auf die Reise mitgegeben hat – mit dem Hinweis: »erst am Geburtstag zu öffnen«... Ich schwimme in Nostalgie und meine Augen in Tränen. In meiner Situation bekommen die Worte einen ganz besonderen Klang, der sehr viel mehr zu Herzen geht, als das zu anderen Zeiten der Fall wäre.

Ich packe Anns Geschenk aus, ein winziges Seifenstück, das wie ein Fisch geformt ist und mit seinem starken Parfüm mein wasserdichtes Schapp ganz erfüllt, und genieße das Tintin-Album, das Guillaume mir geschenkt hat. *Tintin in Amerika*, wenn das kein programmatischer Titel ist! Er hat mir auch einen *Playboy* geliehen, mit der ausdrücklichen und auf dem Umschlag vermerkten Aufforderung, ihm das Heft nach meiner Rückkehr zurückzugeben!

Ich habe viel zu wenig Lesestoff dabei (auch diesmal waren drastische, schmerzhafte Verzichte nötig, um Gewicht

117

zu sparen): ein Buch von Henry de Monfreid, eins von Alphonse Allais, ein Schmöker von Edgar Poe. Jetzt lese ich schon zum drittenmal mein Lieblingsbuch, *La Croisière du cachalot* von Frank Bullen [The Cruise of the »Cachalot« round the world after sperm whales – Kreuz und quer durch die Südsee. Segelfahrten und Walfischjagden. Erlebnisse des Steuermanns B., 1926]. Es ist die Geschichte der Matrosen, die vor anderthalb Jahrhunderten auf Walfängern über die Weltmeere segelten. Sie führten ein so elendes Leben, daß ich darüber fast meine eigenen Nöte vergesse!

7. September.
   04.30 Uhr: Kenterung.
   06.30 Uhr: erneut gekentert, sehr brutal.
   Ich habe mir ganz fies den Kopf angeschlagen, zum Glück hatte ich meine Wollmütze auf. Ein harter Tag kündigt sich an, mit acht Meter hohen Wellen.
   Zwischen zwei Brechern stürze ich zum Vorschiff, um mich mit Lebensmitteln zu versorgen. Nach der Wettervorhersage und dem Himmel zu schließen, sind meine Leiden noch nicht zu Ende.

Wieder in meine enge Kabine eingesperrt, mache ich mir Gedanken über meine Zukunft – was mir hilft, der Gegenwart zu entfliehen.
   Werde ich Erfolg haben oder scheitern? ist meine ständige, quälende Frage. Dabei weiß ich genau, wie der Hase läuft. Ich weiß also, daß es im Fall eines Erfolgs eine kurze Zeit des Überschwangs gibt, wo einem alles leicht erscheint und leicht wird, daß einen aber bald darauf das normale Leben wieder hat, das normale Leben mit seinen Zwängen und Banalitäten. Ich muß auch ein mögliches Scheitern ins Auge fassen, eine schwere Havarie oder eine Verletzung. Das könnte hart für mich werden: so viel leiden und von sich

selbst investieren – für nichts. Ein Knacks für alle Zeiten? Nicht unbedingt, ich hätte ja bis zum Ende gekämpft. Aber so ist es eben: Bei solchen Abenteuern heißt es »alles oder nichts«!

Wenn das Leben zum bloßen Kampf ums Überleben wird, sind Ruhm und Reichtum höchst lächerliche Motive. Alles Gold der Welt und alle Bewunderung der anderen zählen wenig vor der Frage: Komme ich heil wieder heraus?

Nacht vom 7. auf 8. September: Ich schlief fest, hatte mein Ölzeug angezogen, um in dem durchnäßten Schlafsack nicht völlig auszukühlen. Überlebensanzug, schützt gegen den Kälteschock. Weil ich von dem Getöse ringsum genug hatte, nahm ich Oropax, um einschlafen zu können. Ergebnis: Ich hörte nichts und spürte nichts, als das Boot über die Kojenseite abkippte, und wachte erst auf, als es gekentert war!

8. September, *dito*. Ich kenne zwei Leute, für die das heute ein Unglückstag ist: Guillaume und Ann. Für sie sind nun die Sommerferien zu Ende, fängt an diesem Montag die Schule an. Was mich angeht – mein Glück ist relativ: Ich habe die Datumsgrenze überschritten, was dieses »dito« erklärt [»Von Ost auf West, halt Datum fest!« ist also das Datum zweimal zu zählen] und werde diesen Tag also zweimal erleben. Als ob einmal nicht genug wäre!

Scheißwetter, Barometer fällt, laufe wieder vor Wind und Wellen ab.

Suche in meiner Kabine Zuflucht, mit einem blöden Gefühl im Bauch. Der Taifun »Ivy« bewegt sich unaufhaltsam auf den Nordpazifik zu.

Ich war nicht so naiv gewesen, einfach den Taifunen entgegenzufahren, die sich im Spätsommer und Frühherbst über dem Pazifik aufbauen. Trotz des in Japan aufgelaufenen Rückstands konnte ich fast hundertprozentig sicher sein, ihnen zu entgehen, sie jedenfalls nicht mit voller Wucht abzubekommen. Aber mein Kurs führte natürlich an ihrer Peripherie entlang.

Ich hätte sicher keine Überlebenschance gehabt, wenn ich diesen meteorologischen Monstern direkt in die Arme gelaufen wäre. Wie sich so ein Zyklon mit Windgeschwindigkeiten von 200 bis 300 Stundenkilometern aufs Meer auswirkt, wage ich mir gar nicht vorzustellen! Es gibt nur wenige Menschen, die das erlebt und überlebt haben und davon berichten können. Auch wenn ich niemals die Zugbahnen dieser alles zerstörenden »großen Winde« kreuze, werde ich doch ihren Atem in meinem Rücken spüren. Ich muß wochenlang mit dieser Gefahr leben, die aus der Ferne kommt und mich bis in die Mitte des Nordpazifiks verfolgt: sie heißt zuerst »Ivy«, kurz danach »Luke«, dann »Mireille« und »Orchid«, Efeu, Lukas, Mireille und Orchidee. Zarte Namen für gewaltige Stürme, die auf dem asiatischen Kontinent aberhundert Todesopfer forderten, bevor sie endlich auf den Ozean hinauszogen. Manche Taifune sterben einfach ab, aber diese da sammeln genug Kraft, um bis auf meine Breite vorzudringen. Sie werden zwar zu weit von mir weg sein, um mich zu zerschmettern, aber nicht weit genug, um mir diese fürchterliche Schockwelle zu ersparen, die mich nach vorn, nach Osten schleudern wird.

Die Taifune kommen nicht aus heiterem Himmel, ohne Vorwarnung über mich, sondern werden von den Wetterstationen vom Zeitpunkt ihrer Entstehung an beobachtet und verfolgt. Ich werde sie also herannahen sehen und genug, eine ganze Woche, Zeit haben, um ihnen entgegenzufiebern und mich auf den Tag X vorzubereiten.

»Ivy« hatte bereits zweihundert Todesopfer gefordert, als ich ihn am Horizont aufziehen sah.

11. und 12. September. Am späten Nachmittag bleifarbener Himmel. Die See wird hohler, der Wind springt auf Südwest, Stärke 6 bis 7. Zweimal stecke ich die Nase nach draußen, um zu filmen, und jedesmal hätte die Aktion fast mit einer Katastrophe geendet. Ich mache mir Vorwürfe. Werd bloß nicht leichtsinnig vor lauter Drang, deine Angst zu überlisten!

Hunderte von Vögeln fliehen vor dem Sturm. Sie sind auf dem Weg nach Süden. Gefühl von Weltuntergang. Fahler Sonnenuntergang.

Es wird eine Horror-Nacht. Das Boot rast, schleudert, fliegt in alle Himmelsrichtungen...

18 Uhr, Kenterung.

23.20 Uhr, zweimal gekentert, Schlag auf Schlag.

01.20 Uhr, Kenterung.

Die Liste wäre zu lang...

3 Uhr, über Kopf gegangen, sehr brutal. Heck angehoben, Vorschiff ins Wasser gedrückt, Kopfstand, kerzengrad!, dann vollends Überschlag und umkehrt aufs Wasser geknallt.

»Über Kopf gehen« heißt sich überschlagen, über den Bug kentern. Die *Sector* wurde von einem Brecher erfaßt; ich spürte, wie sie ins Wellental hinabschoß und dabei schneller und schneller wurde. Plötzlich tauchte der Bug ins Wasser ein, unterschnitt, und das Meer rammte wie ein Sturmbock gegen die Kabine. Das Boot wurde schlagartig gebremst, als ob es gegen eine Betonmauer gerast wäre. Ein so brutaler Aufprall, daß ich glaubte, das Bullauge würde zerspringen und die Kajütenwand explodieren. Binnen einer Sekunde wurde ich von 40 auf 0 Stundenkilometer gebracht, gegen die Schott katapultiert. Im selben Moment richtete sich das Boot senkrecht auf, stand auf dem Bug, kippte dann nach vorn über und landete auf dem Rücken. Ein Sturz aus acht Meter Höhe. Drei Stockwerke. Ein Gefühl wie in einem Auto, das sich ein paarmal überschlägt.

Ein paar Löcher in der Innenhaut, Tür und Kabinendach.
Zwei Rippen eingedrückt, Nase geschwollen. Nervlich am
Ende. Körperlich erschöpft.

Auf dem Atlantik hatte ich kein Rettungsboot, nicht einmal eine Seenotboje wie heute. Ich war ein Artist ohne Netz und habe doch nie eine so schreckliche Angst empfunden wie jetzt. Der Pazifik ist eine unendlich viel härtere Welt. Ich hatte etwa fünfzehn Jahre zuvor schon ein ähnlich dramatisches Erlebnis gehabt, weit draußen vor der bretonischen Küste. Ich überführte damals ein Segelschiff; meine Frau war dabei, zwei andere Personen und unser Sohn Guillaume, der damals zwei Monate alt war. Eines Nachts wurde das Schiff durch eine Sturmbö aufs Wasser gedrückt und ging unter; wir fanden uns im Rettungsboot wieder, das aber ebenfalls sank. Wir trieben auf hoher See, mitten im November... Aber ich mußte nie gegen eine so andauernde, tückische, tiefgehende Angst wie diese ankämpfen, die mich hier schon seit Wochen quält.

Ich habe Angst, das gebe ich ohne jede Scham zu. Diese Angst begleitet mich wie ein Schatten; sie ist immer gegenwärtig, ist auch in ruhigen Zeiten latent vorhanden, betreibt geduldig ihre Wühlarbeit, lauert auf die schwierigen Momente und ist bereit, mich bei meiner geringsten Schwäche zu überwältigen.

Die Angst ist unvermeidlich, zugegeben, aber auch ekelhaft. Entwürdigend. Sie wohnt nicht im Kopf oder im Herzen, wie die anderen Gefühle, sondern macht sich im Bauch breit. Gegen sie anzugehen und sie zu überwinden, verschafft eine ungeheure Befriedigung. Das ist der größte Sieg, der Sieg des Geistigen über das Tierische. Illusorische Auflehnung gegen die menschliche Natur? Vielleicht. Sündhafter Hochmut oder legitimer Stolz? Darüber muß sich jeder selbst ein Urteil bilden.

Das Risiko ist kein Wert an sich. Den Helden spielen, indem man sich an einem Flugzeugheck durch die Lüfte schleppen oder in einem Faß die Niagarafälle hinunterspülen läßt, nein danke. Aber andererseits ist die Gefahr so etwas wie das Salz des Lebens für mich. Sie begleitet und kitzelt meinen Hang zu kühnen Lösungen, zum spektakulären Auftritt, zur »heldischen« und zweckfreien Tat. Für mich ist sie keine Bremse, sondern eine unerläßliche Zutat, die dem Sieg seinen Wert und seine Würze gibt.

Man spricht oft vom kalkulierten Risiko. Ich weiß nicht so recht, was dieser Ausdruck eigentlich meint. Wenn das Kalkül dazu führt, das Risiko durch ein Übermaß an Vorsichtsmaßnahmen auszuschalten, dann bleibt ja nichts mehr davon übrig. Die klare Einschätzung der Gefahren dagegen, die solide Erfahrung, die gute Vorbereitung und die adäquate Ausrüstung erlauben es einem, mehr zu wagen, die Latte höher zu legen, seine Grenzen weiter hinauszuschieben.

Ich hatte schon immer ein enormes Bedürfnis nach persönlicher Freiheit. Meine Mitmenschen glauben manchmal, sie seien mir gleichgültig, weil ich ihnen – in vielleicht übertriebenem Maße – das entgegenbringe, was ich auch von ihnen selbst erwarte: die Achtung der Privatsphäre, der persönlichen Gedanken und Gefühle. Ich trete nur in ihr Leben ein, wenn sie mich dazu einladen. Wieso sollte ich sie jeden Morgen nach dem Wohlergehen ihrer Katze oder ihres Kaktus fragen? Genauso erwarte ich aber, daß sie mich in meinem Garten spazieren gehen lassen, wie es mir gefällt. Dieser Wunsch nach Unabhängigkeit und Autonomie, der bei mir zugegebenermaßen recht stark ausgeprägt ist, paßt nicht zu den Werten, die in unseren zivilisierten Gesellschaften bis zum Überdruß präsent sind und sich in Institutionen wie der Staatlichen Krankenkasse, Lebens- und Hausratsversicherungen, der Versicherung auf Gegenseitigkeit und sonstigen Regelungen niederschlagen. Natürlich muß ein Autofahrer sich versichern und die Straßenverkehrsordnung beachten, aber wenn all diese Regeln überhand nehmen, wird das Ganze doch sehr verknöchert, lähmend.

Wenn mir meine Freiheit über alles geht, dann heißt das aber auch, daß ich für mich selbst verantwortlich bin, und zwar hundertprozentig. Die Überquerung des Nordpazifiks ist in meiner Sicht ein Beispiel höchster Eigenverantwortlichkeit, denn wenn ich mein Leben in die Waagschale werfe, setze ich alles ein, was ich habe.

Zur wahren Verantwortung, zum wirklichen Gebrauch der Freiheit, gehört das Wissen, daß ich mich im Fall des Scheiterns der äußersten Sanktion aussetze, dem Tod. Das genügt, um mich das Gewicht der Dinge spüren zu lassen. Alles andere sind leere Worte.

Ich habe mir als meinen Gegner den Ozean ausgesucht, einen Naturbereich also, der die denkbar härteste und unerbittlichste Realität darstellt, um ihm menschliche Qualitäten und Werte wie Intelligenz, Erfahrung und Ausdauer entgegenzusetzen.

9.
Ein Gezeichneter

13. September.

Heute ist Freitag! Ich hab dich nicht vergessen, Goulue, du kannst dir das Restaurant schon mal aussuchen, in das ich dich sofort nach meiner Rückkehr ausführen werde.

Meine Tochter Ann ist an einem Freitag dem 13. geboren. Eines Tages kam sie tränenüberströmt nach Hause, weil man ihr in der Schule gesagt hatte, Freitag der 13. sei ein Unglückstag! Um ihr das Gegenteil zu beweisen, führe ich sie seither an jedem dieser angeblich verhängnisvollen Tage zum Essen aus, wobei sie, so ist es der Brauch, das Restaurant auswählen darf. In der ersten Zeit war das für mich mit keinem großen Risiko verbunden, weil *La Goulue* oder »Die Gefräßige« ganz verrückt auf Hamburger war. Aber sie hat schnell dazu gelernt, und inzwischen erzählt sie mir etwas von La Tour d'Argent! [Pariser Drei-Sterne-Restaurant, *à la carte* zwischen 200 und 300 Mark.] Mein Kreuzzug gegen den Aberglauben wird mich am Ende wohl noch teuer zu stehen kommen!

Apropos Aberglauben: Mein Wasserkessel hat seinen ganz bestimmten Platz auf dem Kombüsentischchen, wo ich ihn mit einem Halteseil festzurre, damit er mir bei einer Kenterung nicht durch die Kabine düst. Wenn ich ihn wieder an seinen Platz stelle, schlage ich oft mit dem Henkel gegen die Randleiste des Tischchens. Dabei gibt er einen Ton von sich, der an den einer Stimmgabel erinnert und den ich sofort mit dem Finger dämpfe. Das ist ein seltsamer Reflex, den ich von meiner Mutter habe, die den hellen Klang der Teller oder Metallgefäße, gegen die sie bei Tisch verse-

125

hentlich schlägt, immer möglichst schnell zum Verstummen bringt und dabei murmelt: »Ein Seemann ertrinkt.« Vermutlich glaubt sie, daß besagter Seemann ohne ihr magisches Dazwischentreten wohl ertrunken wäre. So dürfte sie im Laufe der Jahre nicht weniger als die Besatzung eines Flugzeugträgers vor dem sicheren Tod gerettet haben.

Ich selbst bin nicht abergläubisch ... aber man weiß ja nie! Schließlich hängt bei Lloyd's in London eine Glocke, die immer nach einem Schiffsuntergang geschlagen wird. Außerdem weiß ich gar nicht, was Sie wollen – in meiner Situation kann ich nicht vorsichtig genug sein.

Schlimme Neuigkeit: Die Solarzellen, die bei den häufigen Kenterungen zu lange im Meerwasser gewesen sein müssen, erzeugen keinen Strom mehr. Eine Katastrophe. Daß ich mit der Außenwelt keinen Kontakt aufnehmen kann, hat verheerende Auswirkungen auf meine Moral. Und dabei hat mir FK8CR vor kurzem den nächsten Taifun angekündigt!

Ich nutze eine Atempause, die mir das Wetter gönnt, um die Sonnenkollektoren instandzusetzen. Normalerweise gäbe es da wohl nichts mehr zu reparieren; die Kontakte sind völlig verrottet, von der Feuchtigkeit zerfressen. Aber ich habe ja keine andere Wahl. Ich nehme zuerst die Backbordtafel in Angriff, die der Sonne am schlechtesten ausgesetzt ist, und montiere sie ganz ab, bastle mir mit Kupferdraht neue Anschlüsse und ertränke, da ich kein Isoliermaterial habe, das Ganze in *Epoxy*, einem Kunstharz-Klebstoff, der Stunden braucht, bis er hart ist. Um diese Trockenzeit abzukürzen, erhitze ich die Mixtur löffelweise über meinem Camping-Gaskocher in der Kabine und stürze dann, Löffel voran, ins Cockpit hinaus. Nach einigen Pendelgängen dieser Art sind die neuen Kontakte dann mit einer festen gelblichen Kruste gut abgedeckt. Armer Bernard! Nun ist die *Sector*, auf deren Bau und Politur er soviel Sorgfalt und Mühe verwandt hat, mit Klebstoff bekleckert und verschmiert. Aber mein Eifer macht sich bezahlt. Nachdem ich mir die Kollektoren einen nach dem anderen vorgenommen habe, erwachen sie endlich wieder aus ihrem Koma. Und laden hundertprozentig!

14. September.
    08.00 Uhr, Kenterung auf die sanfte Art. Noch so ein idiotischer Tag, an dem mich der Gegenwind zurücktreibt.
    Alle zwei oder drei Stunden öffne ich die Kabinentür, um ein bißchen Frischluft hereinzulassen. Vormittags war ich gut und gern fünf Stunden hier eingesperrt. Die Luft war zum Schneiden dick, selbst mein Feuerzeug verweigerte mir den Dienst. Ich frage mich, wie lange ein Mensch das aushalten kann, und hoffe nur, daß man vor dem Ohnmächtigwerden aufwacht. Wie gut das tut, wieder einmal die Nase hinauszustecken, vor allem nach meinen diversen Überschlägen und Purzelbäumen! Ich fühle mich wie ein Verdurstender, der nach Tagen ohne einen Tropfen Wasser jäh in einen kristallklaren See eintaucht. Ich atme ganz tief ein, fülle meine Lungen, bin wie berauscht.

Ich habe meine Kenterungen einmal gezählt. Nicht sehr ermutigend.
    Ich bin jetzt bei neunzehn angelangt, stelle aber vor allem eine dramatische Steigerungsrate fest:
    Eine im Juli, vier im August, im September schon vierzehn, also durchschnittlich eine pro Tag! Wie lange werde ich das aushalten? Denn man gewöhnt sich nicht daran, im Gegenteil: Das gibt eine Überlagerung, Addition der nervlichen Belastungen. Ich werde aus der Sache in jedem Fall als Gezeichneter hervorgehen.

Vor meiner Abreise habe ich mich, mehr oder weniger unbewußt, aufgeputscht, wie ein Boxer vor dem Kampf. Aber nicht, um irgendwelche aufsehenerregenden Erklärungen abzugeben, meinen Gegner zu schmähen und zu schwören, daß ich ihn in der Luft zerfetzen werde. Den Pazifik hätte ich nie mit Schmutz beworfen.

Ich bin ein Boxer, der nicht zurückschlagen könnte, weil er keine Kraft mehr hat. Er muß also abwarten, sich schützen, indem er seine Deckung hochnimmt, sich defensiv verhalten, geschickt ausweichen. Um weiterzukommen, muß ich gegen mich selbst kämpfen. Im übrigen muß ich einfach durch den Hagel der Schläge hindurchtauchen und eben auch Schläge einstecken, wenn ich ihnen nicht ausweichen kann. Andere Handicaps: die Einsamkeit und die Distanz. Bei solchen Vorgaben hat man schlechte Karten.

21. September. Durchzug des Taifuns »Luke«. Als ich durch die offene Kabinentür mit dem Sextanten mein Fix machte, hätte mich fast ein Brecher hops genommen. Mit geöffneter Tür zu kentern wäre ein Drama.

Vorsicht, um Himmels willen! mahnt mich mein Logbuch.

Bei schlechtem Wetter, das heißt: immer häufiger, muß ich mir jede meiner Aktionen, und sei sie noch so unbedeutend, im voraus überlegen, in Einzelschritte gliedern und nach strengsten Regeln ausführen. Der Dreh- und Angelpunkt meiner Überlegungen ist, daß ich jeden Moment kentern kann. Dann bleibt mir nur noch die Zeit für einen einzigen Handgriff, und das auch nur, wenn ich Glück habe. Um etwa eine gefriergetrocknete Mahlzeit zuzubereiten, muß ich das Bullauge schließen, bevor ich den Kocher anzünde. Dann lasse ich die Hand auf dem Regler, bis das Wasser heiß ist, um die Flamme beim geringsten Anzeichen von Gefahr wieder löschen zu können. Sobald das Wasser kocht, räume ich den Kocher weg, lüfte die inzwischen dampferfüllte Kabine kurz durch und wende mich dann dem Wasserkessel zu, dessen kochend heißer Inhalt ja für mich eine furchterregende Gefahrenquelle darstellt.

Einen Kaffee zu machen, das kann mich eine Viertelstunde kosten.

Ich bin ein richtiger Ordnungsfanatiker geworden. Jetzt ist alles so gut verstaut und eingeräumt, daß ich mit geschlossenen Augen in meiner Kabine leben könnte. Unablässig wische ich mit dem Schwamm das Kondenswasser vom Kabinendach oder versuche die Wasserlache zu verkleinern, die sich immer wieder auf dem Boden bildet, und schaffe so die Voraussetzungen dafür, daß mein Kajütenleben ein bißchen weniger unerträglich wird.

Heute funkt mir Christophe, daß Frédéric Guérin aufgegeben hat und sich vor Irland von einem Hubschrauber bergen ließ. Er hatte damals, als ich den Atlantik überquerte, mit dem Rudern angefangen. Bei seinem Rekordversuch jetzt muß er die Motivation verloren haben, als er merkte, daß er immer mehr hinter seinen Zeitplan zurückfiel. Er muß Pech gehabt haben, vielleicht hat er den Golfstrom verpaßt? Ich muß zugeben, daß ich 1980 von zahlreichen Tiefs profitieren konnte.

Sein Funkgerät war kaputt, als er den Mut verlor.

Diese Nachricht ist ein böser Schlag für meine Moral. Ich hatte Frédéric aus der Ferne begleitet. Heute abend fühle ich mich noch ein bißchen einsamer.

22. September. Die halbe Strecke liegt hinter mir – erst. Lange Zeit hatte ich diesem Punkt entgegengefiebert, wie einem wunderbaren Ereignis; aber jetzt, da ich ihn endlich erreicht habe, kommt es mir vor, als ob ich schon ein ganzes Leben lang dort gewesen wäre. Die Aussicht, noch einmal

soviel ertragen zu müssen, macht mir angst. Ob ich überhaupt die Kraft dazu habe?

Von heute an streiche ich in dem kleinen Kalender auf der letzten Seite meines Logbuchs allmorgendlich nicht nur das Datum des neuen Tages durch, sondern schwärze auch voller Ingrimm, in entgegengesetzter Richtung, die vergangenen Tage ein – in dem etwas seltsamen Versuch, sie zu annullieren und definitiv zu vergessen, sie ungeschehen zu machen.

Ob ich will oder nicht, ich mache mir ständig Gedanken über mein mögliches Ankunftsdatum. Wenn die zweite Hälfte meiner Überquerung in demselben Tempo vor sich geht wie die erste, erreiche ich die amerikanische Küste nicht vor dem 15. Dezember. Aber wenn ich die vierzehn Tage Auf-der-Stelle-treten im August abziehe, wird daraus der 21. November. Ich versuche daran zu glauben, aber das alles erscheint mir so fern. Außerdem ist das Wetter im Oktober und November um so viel härter als im Juli und August. Werde ich durchhalten?

Einstweilen pulle ich. Ich pulle und pulle und pulle.

23. September. Zum erstenmal gelingt mir ein Funkkontakt mit KMI, einem amerikanischen Sender. Darum bemühe ich mich schon seit Wochen, es ist also eine sehr gute Neuigkeit. Endlich ein hörbares Zeichen für mein Vorwärtskommen, endlich vor allem die Möglichkeit, meine Familie direkt an die Strippe zu bekommen! Aber zu früh gefreut: Der Techniker gibt zu verstehen, daß er den Funkspruch nur weitergeben könnte, wenn ich eingeschriebenes Mitglied bei ihnen wäre, ein Konto bei ihnen hätte etc. Wie stellt er sich das vor? Wie soll ich das von hier aus machen? Bei dem Versuch, ihm meinen Fall zu erklären, verliere ich kostbare Amperestunden. Ich gebe jedoch nicht auf und schimpfe und tobe, but he ist *sorry, really sorry*. Meine Enttäuschung

ist so groß, daß sie mir die Tränen in die Augen treibt. Ich hasse sie alle, ich hasse die ganze Welt! Was unternimmt Christophe denn bloß von Paris aus?!

Zum Glück bleibt mir noch der Kontakt mit Eddy, der meine Anweisungen sicher durchgeben wird. Eddy, ich habe ihn nie getroffen, und trotzdem ist mir seine Stimme so vertraut wie die meiner engsten Freunde und Verwandten. Ich suche die Wellen nach ihr ab und erkenne sie sofort, selbst wenn der Empfang so mies ist, daß man kaum etwas versteht.

Bei unseren Gesprächen bekomme ich so ganz nebenbei und *peu à peu* einen Eindruck von seinem Leben, mache ich mir ein Bild von ihm, seiner Umgebung und seiner Persönlichkeit. Mir wird auch bewußt, daß er jetzt sehr viel mehr als nur seine Freizeit für seine meteorologischen Recherchen und unsere Kontakte opfert, die häufig auf die für ihn unmöglichsten Tageszeiten fallen.

Seine Stimme zu hören, ist für mich inzwischen sogar noch wichtiger als die Informationen, die er mir übermittelt. Ich versuche, ihm das zu sagen, verheddere mich aber im Dickicht der Worte und Gefühle.

26. September, zweimal gekentert. Immer dasselbe Szenario, aber auch immer furioser.

Nun fange ich schon an, Alpträume zu haben. Die letzte Nacht war es die Cockpitwand, die sich spaltete. Eine schreckliche Vorstellung, denn dieses Boot verdankt seine Festigkeit nur den beiden dünnen Kohlenstoffaserlagen, die den Schaumstoff fest umschließen. Beim ersten Riß würde dieses Kompositkonstruktion so zerbrechlich wie eine angeschlagene Eierschale.

Von nun an lege ich meine Satelliten-Notfunkboje unter den Kopf, wenn ich mich zum Schlafen hinhaue, weil ich Angst habe, bei meinem Erwachen die Kabine voll Wasser und das Boot in Trümmern zu finden. Diese Boje ist übrigens im Laufe der Überquerung von einem Schapp ins andere gewandert, immer näher zu mir heran, bis sie endlich zu meinem Kopfkissen wurde und in unmittelbarer Reichweite meiner Hand war. Ein Schutzreflex, aber ein ziemlich illusorischer Schutz. Was würde mir schon so eine Boje nützen, wenn ich mich an das Wrack meines Bootes klammerte? Bis irgendein Schiff seinen Kurs änderte, um mir zu Hilfe zu eilen, hätte ich doch längst »mein Loch im Wasser gemacht«.

27. September. »Mireille« zieht mit Ostkurs über den Pazifik, nördlich von mir.

Gewaltige Dünung aus Westen. Und dabei zieht der Taifun in einer Entfernung von tausend Kilometern vorüber! Aber es muß da oben fürchterliche Prügel gesetzt haben. Die Wellen sind sehr lang und zehn Meter hoch, große wandernde Hügel, deutliche Zeichen für einen fernen, sehr starken Sturm.

Ein paar Tage lang gab mir das Verhalten der Vögel Rätsel auf. Vorbei das Hin und Her, die Flüge von einer Richtung in die andere. Jetzt schienen sich alle mehr oder weniger nach Süden zu richten. Ein anfänglich kaum wahrnehmbares, heute aber sehr viel ausgeprägteres Phänomen.

Zuerst glaubte ich, sie seien vor dem schlechten Wetter auf der Flucht; aber jetzt muß ich der Tatsache wohl ins Auge sehen: Der Vogelzug hat begonnen, sie ziehen in ihre Winterquartiere. Zu Hunderten sehe ich sie zu den Passatgürteln hinunterfliegen und diese nördlichen Breiten fliehen, wo bald die Hölle los sein wird.

Der Himmel leert sich von meinen letzten Gefährten. Ein düsterer Himmel, kurze Tage. Der Sommer ist vorbei.

2. Oktober. Ich nähere mich 160° westlicher Länge, mein Ziel-ort liegt auf 122° 24' W. Das nächste, lang erwartete Zwischen-ziel: 155° 30' W, dann habe ich zwei Drittel der Reise hinter mir!

Ich versuche mich gegen die nächtliche Kälte zu schützen und steige angezogen, im Ölzeug, in meinen durchnäßten Schlafsack. Sehr bald wird mir am ganzen Körper warm, au-ßer an den Füßen, die immer Eisklumpen bleiben. Die letz-ten Stunden der Nacht sind am schlimmsten. Auch wenn das Wetter es erlauben würde, kann ich dann unmöglich weiter-schlafen.

3. Oktober. Gegen 8 Uhr beigedreht und gekentert, mit offe-nem Bullauge.

Wie durch ein Wunder konnte ich es im selben Augenblick noch schließen: Ich hatte die Hand drauf. Ich bilde mit mei-ner *Sector* seit so langer Zeit eine Art körperliche Einheit, daß ich schon fast einen sechsten Sinn für ihr Verhalten ent-wickelt habe und genau spüre, was sie in der nächsten Se-kunde machen wird.

Mein Gott, was sind diese Wochen lang und schwer zu ertra-gen! Nun scheint der Mond wieder. Ich nutze sein Licht, um auch bei Nacht zu rudern. Die Tage sind ja so kurz ... Mein Körper arbeitet; es ist eine monotone, banale, stupide Arbeit. Der Geist hat ihn verlassen. Er wird nicht mehr ge-braucht. Er geht irgendwo spazieren.

Verrückt, wie ich diese Tage an Land vermisse, die mir jetzt entgehen, mir entgangen sind. Da war der Frühling, von dem ich nichts mitbekommen habe, weil der Bau und die Ausrüstung des Bootes mein ganzes Denken und Fühlen beherrschten. Ich hätte mir einen Vorrat an Bildern tanken müssen, Bildern von aufbrechenden Knospen, zartgrünen Blättern. Dann der Sommer, den mir diese Überquerung gestohlen hat, sicherlich der schönste Sommer seit Menschengedenken, mit zirpenden Grillen, duftendem heißem Gras und den stillen Mittagsstunden, da die erschöpfte Natur ihre Siesta hält. Jetzt hat der Herbst Einzug gehalten, kleine Nebel legen sich schon über die Teiche, der Geruch von Äpfeln und Holzfeuern liegt in der Luft.

Ich sehne mich nach dem Geschmack der Dinge zu Hause, nach ihren Farben und Gerüchen. Vor allem nach den Gerüchen, die ja das Fluidum eines Ortes besser als jeder andere Sinnesreiz heraufbeschwören. Im Takt der Ruderschläge summe ich ein Chanson von Jacques Dutronc: »C'était un petit jardin, qui sentait bon le métropolitain... Es war in einem kleinen Garten, wo es so gut nach Métro roch...« Ja, selbst der Geruch von Paris, dieser Muff voller Staub und Elektrizität, der über den Bahnsteigen der Métro schwebt. Andere, ältere Düfte werden mir wieder präsent, wie das Parfüm der *Lady Maud*, ein Gemisch aus Werg, Teer und Farbe.

Heute morgen will mein Magen nichts von einem Frühstück wissen. Ich habe das alles satt und träume von einem *café croissant* auf der sonnigen Terrasse eines friedlichen Bistros. Ich sehe mich hinter einer Zeitung sitzen, die Sonne genießen und die Passanten beobachten. All das, wozu ich im Alltag nie die Zeit habe, wofür ich mir nie die Zeit nehme, was mir aber nun wie das höchste Glück auf Erden vorkommt. Allein das Wissen, daß es diese Terrasse gibt und daß sie mich erwartet – wenn auch vergeblich, eine nie genutzte Möglichkeit, ein Traumbild für immer –, macht mich glücklich.

Ich sage mir, daß ich bei meiner baldigen Rückkehr all das mit vollen Lungen, mit vollen Pupillen und Papillen genießen werde, alles kosten und keinen einzigen visuellen, akustischen oder olfaktorischen Genuß auslassen werde; ich stelle mir sogar in meinem Kopf eine Liste dazu auf!

Ich würde gern ein Dorf besuchen, irgendwo ganz weit im Inneren Frankreichs, einen Ort, von dem aus man das Meer nicht sieht, dessen Bewohner nicht einmal wissen, daß es die See überhaupt gibt. Und ich werde mich hüten, ihnen von ihr zu erzählen!

Eine Nachricht von meinem Bruder Norbert zeigt mir, wie sehr meine Verwandten, aus dem doppelten Wunsch, mir neue Kraft zu geben und mich zu beruhigen, sich über meine Gefühle und Empfindungen täuschen. Für diesesmal gebe ich meine sonstige Zurückhaltung auf und erzähle ihnen in einem langen Telex, wie es wirklich um mich steht:

»DABOVIL 631234F
SINGAPUR TELECOM
KENNUNG: 081083

Danke bitte an Norbert weiterleiten der mir ein bißchen Spaß wünscht.
Text:
Mein lieber Norbert,
Es war gestern früh, am Ende einer vollkommenen Nacht. Wunderbares Wetter, fast noch Vollmond, klarer Himmel; die paar Sterne, die sich gegen das Mondlicht durchsetzten, strahlten wie Diamanten. Mit einer achterlichen Brise machte das Boot gute Fahrt, mühelos; ich vergaß darüber das Rudern.

Ich dachte an Dein Telex. Du fragst mich, grob gesagt, ob ich nicht manchmal genug von all dem hätte. Ob das nicht der Moment gewesen wäre.

Ehrlich gesagt, nein. Auf die Gefahr hin, Dich zu enttäuschen: selbst in solchen Augenblicken habe ich es nicht satt. Und das einfach deshalb, weil ich in jeder Minute, jeder Sekunde nur an mein Ziel denke. Die Hindernisse, die mich noch davon trennen, und die Zufälle und Gefahren, die meinen enormen persönlichen Einsatz zunichte machen könnten, sind mir nur allzusehr bewußt. Denn ich bin ein Gezeichneter, Norbert, tief gezeichnet durch das, was ich schon durchgemacht habe. Man sagt ja, daß auch die schlimmsten Erinnerungen im Laufe der Zeit zu guten Erinnerungen werden. Aber diese da wird nichts ändern, sie werden immer schrecklich bleiben.

Diese Kenterungen werde ich niemals vergessen. Vor allem die eine nicht, wo das Boot über Kopf ging und ich – ein einziges Nervenbündel, gegen das Schott katapultiert – in der Erwartung des vernichtenden Schlags, der alles zertrümmern würde, diesen tierischen Schrei losließ. Ich werde auch nie die vielen Male vergessen, da ich um mein Leben kämpfte, mit nachlassender Kraft und dem Geschmack des Salzwassers in den Lungen. Dem Geschmack des Todes. Und immer allein, allein, allein.

Daher muß ich innerlich die Flucht ergreifen, wenn ich solche Momente wie diese Morgenfrühe genießen will, muß von diesem Boot flüchten, aus dieser Reise, aus diesem Meer. Ich versuche mir einzureden, ich sei irgendwo anders, zöge durch die Wüste, ohne Ziel, vor allem ohne ein Ziel, oder ich säße an der Pinne eines anderen Schiffes, auf einem anderen Ozean.

Aber die Illusion währt nur kurz, und ich muß mich vor ihrem Pendant in acht nehmen, dem Selbstmitleid nämlich, das mein gefährlichster Feind wäre, wenn ich ihm in meinem Kopf und Herzen Raum gäbe. Daher mache ich von dieser Methode nur sparsam Gebrauch.

Du gehst also davon aus, daß es eine Ankunft geben wird?
Ach, diese Ankunft, diese so erwartete, so erhoffte Ankunft.
Ja, die Freude wird ebenso groß sein wie diese Erwartung,
aber auch von einem schrecklichen Gefühl des »schon vor-
bei« begleitet sein. Du möchtest dein Glück gern andauern
lassen, dir ein bißchen davon für den nächsten Tag aufbewah-
ren, aber nichts zu machen; das ist der absolute Glückstrunk,
aber du bekommst nur ein Tröpfchen davon ab, mit Instant-
effekt. Du erlebst dieses Glück in dem Bewußtsein, daß es
durch das Erleben bereits Vergangenheit, Geschichte ist. Daß
jeder dieser wunderbaren Augenblicke nur noch eine Erinne-
rung ist, ganz als ob es keine Gegenwart gäbe zwischen der
Zukunft jener unendlichen Erwartung, in der ich von nun bis
zur Ankunft lebe, und der Vergangenheit, zu der meine übri-
gen Tage danach gerinnen werden.
Du stehst da und betrachtest die Menge. Glauben sie, daß
nun alles beginnt? Für dich ist es vorbei.

Und danach?
Danach, der Taumel, ein schnell wieder erlangtes Stück
Eitelkeit (die Clowns folgen einander dicht auf dicht), ein ge-
wisser materieller Wohlstand. Ruhm- und Gewinnsucht sind
niedrige Beweggründe, Quellen gemeiner Genüsse, zwangs-
läufig mit Berechnung verbunden.
Sprechen wir also nur von Genugtuung.

Und dann?
Nichts, so ist das Leben eben... Auf daß es lange daure!

GÉRARD, AN BORD DER SECTOR
41 GRAD 18 MINUTEN NÖRDLICHER BREITE
159 GRAD 31 MINUTEN WESTLICHER LÄNGE«

6. Oktober.

*In der Nacht springt der Wind schlagartig auf West um,
schwerer Seegang. Gischtfontänen beiderseits des Cockpits.*

*Kenterung neuartigen Typs: kompletter Überschlag. Ich
klatsche gegen die Kabinendecke und falle dann auf meine
Liege zurück.*

10.
»Sehen Sie die Küste?«

9. Oktober. Über KMI, die amerikanische Funkstation, die mir schließlich doch ihre Wellen geöffnet hat, konnte ich mit meiner Familie telefonieren. Welches Glück, miteinander sprechen zu können! Danach geht mein Tag an den Riemen so viel schneller vorüber, da ich dann unendlich viele kleine Dinge in meinem Herzen und in meinem Kopf zu bewegen habe. Und diese Briefe, die ich immer und immer wieder lese, um mir selbst das Gefühl zu geben, daß meine nächsten Verwandten ein kleines bißchen weniger weit weg sind. Ganz zwangsläufig die Fragen: Wie spät ist es nun bei ihnen? Was machen sie jetzt? Was für ein Wetter haben sie da unten?

Schönes Wetter, Westwind mit 15 Knoten, mittellange Riemen, kalt. Vom ¾-Zwischenziel wie besessen. Nach jeder Etappe das Gefühl, daß noch die ganze Strecke vor mir liege.
Am Abend überholt mich ein Schiff der *San-Bernardino-Los-Angeles*-Linie. Leider kein Kontakt. Eine Flasche Scotch, mir zum Gruß über die Heckreling geworfen, wäre nicht unwillkommen gewesen!

12. Oktober. Beim Sonnenuntergang gestern abend sah der Himmel wie poliertes Messing aus.
Um 5 Uhr gekentert, »wie gewohnt«, und noch einmal gegen 6 Uhr. Mit großer Gewalt. Schmerzen in der Hand. Prellungen.

139

14. Oktober. Eine der kleinen Freuden dieser Überquerung: Gestern habe ich, über Funk, in unserem Pariser Appartement einen tropfenden Wasserhahn repariert! Ich erklärte Cornélia, die am anderen Ende der Leitung hing, was zu tun und welche Werkzeuge zu benutzen seien. Bei dieser Installateursarbeit hatte ich endlich wieder das Gefühl, mit dem wirklichen Leben in Berührung zu sein.

Mein Hirn ist mit so wenig zufrieden. Den ganzen Tag lang habe ich mir, um meinem Galeerensträflingsdasein gedanklich zu entfliehen, diese Szene wieder und wieder vorgestellt und war ganz glücklich dabei.

15. Oktober. Ich zwinge mich dazu, den Vormittag in der Koje zu verbringen, damit die Zeit schneller vergeht, sozusagen in meiner Abwesenheit. Manchmal reißt mich ein kleiner Brecher aus meiner Apathie. Nach ein paar Stunden Halbschlaf auf dieser Liege in diesem wild hin und her geworfenen Boot fühle ich mich noch müder als zuvor. Als ich mich aus meinem Schlafsack schäle, mißfällt mir irgendwas an dem Geräusch einer heranbrausenden Brechers. Ich stürze zum Bullauge und schließe es. Glückliche Vorahnung – ich kentere! Reflexe, eingeschliffene Handgriffe, den Schlafsack in seine wasserdichte Hülle, die Regler, die Ballastpumpe. Aber alles ist naß, Daunenschlafsack, Kleidung.

Mein Konditionsabbau zeigt sich daran, daß ich heute morgen fast zwanzig Minuten brauche, um mit der Entsalzungspumpe einen Liter Trinkwasser herzustellen – im Vergleich zu zwölf am Anfang der Reise.

Trotzdem werde ich heute zum erstenmal fünf Liter Süßwasser opfern, um meine Schlafsäcke zu spülen, die sich so mit Salz vollgesogen haben, daß sie überhaupt nicht mehr trocknen. Ich hatte ihnen deshalb schon Spitznamen gegeben: »Scheuertuch« und »Meersaline«.

Genau im richtigen Augenblick kommen ein paar Sonnenstrahlen, um meine im Cockpit ausgelegte Wäsche zu trocknen. Welche Wonne, wenn ich mich heute abend in mein trockenes Bettzeug legen kann – ohne Ölzeug! Um mir dieses Vergnügen auch richtig zu verdienen und weil das Wetter so schön ist, verordne ich mir eine kleine nächtliche Ruderpartie.

Von nun an sind die Nächte genauso lang wie die Tage. Wieviel Zeit brauche ich noch? Ich gäbe viel darum, wenn ich das wüßte.

In fünfzig Tagen wird die Pariser Bootsmesse eröffnet. Ich wäre so gern rechtzeitig zurück, um die *Sector* dort ausstellen zu können. Ich konzentriere mich auf möglichst konkrete Objekte, um der Gegenwart und der zwanghaften Beschäftigung mit meinem Überleben eine Zeitlang zu entkommen: Ich stelle mir den Messestand vor, die Leute, die Boote. Warum nicht auch die kleine *Captaine Cook* präsentieren? Ich muß unbedingt mit Christophe darüber reden.

17. Oktober. Die hundertste Seite meines Logbuchs für den hundertsten Tag. Ich saß bis zur Morgendämmerung an den Riemen, die Nacht war prachtvoll.

So langsam habe ich meine gefriergetrocknete Nahrung satt. Viel zu wenig leckere Sachen an Bord. Ich hätte mehr Schokolade mitnehmen sollen, mehr Whisky.

18. Oktober. Beim Morgengrauen Südwind! Mächtige Dünung und heftige Kabbelsee. Mühsame Fahrt nach Nordost. Kurs auf Vancouver oder... Anchorage! Wenn das so weitergeht, werd ich noch in Alaska landen. Ermüdend. Bis zum Arsch durchnäßt. Ich mach Schluß für heute, hab es satt, bin völlig erschöpft. Mir tut alles weh. Ich hab etwa zehn Seemeilen geschafft. Moral auf dem Tiefpunkt.

Anders als manche meinen mögen, hat so eine Ozeanüberquerung absolut nichts mit Masochismus zu tun. »Masochismus« bedeutet, sich zum Vergnügen weh zu tun, seine Schmerzen zu genießen. Ich aber bringe eine schwierige Situation hinter mich, um danach den Erfolg zu genießen. Zugegeben, meine Befriedigung ist um so größer, je zahlreicher die zu überwindenden Gefahren waren. Dann habe ich einen Berg bezwungen, mir meine Selbstachtung verdient. Aber Schmerzen um der Schmerzen willen, nein, das nun wirklich nicht.

Wir haben alle den Wunsch, irgend etwas Schwieriges zu vollbringen, um danach vor uns selbst den Hut ziehen zu können. Dabei kommt keinerlei selbstmörderische Tendenz ins Spiel, keine Lust am Untergang. Wenn ich auch nur im mindesten die Absicht gehabt hätte, Schluß zu machen, wäre ich jetzt tot, denn die Gelegenheit zum Sterben war geradezu ideal. Hier ist eher der unbändige Wunsch zu überleben am Werk. Während dieser Fahrt über den Ozean war ich zehnmal, hundertmal mehr aufs Leben versessen als ich es je im alltäglichen Trott sein könnte, einfach weil ich mein Ziel erreichen wollte.

Ich habe mich nicht mit Autosuggestion konditioniert, sondern mich selbst programmiert, weil ich monatelang, vom Beginn des Projektes an, auf ein einziges Ziel ausgerichtet war: anzukommen, anzukommen.

Bei mir spielt da auch ein Stück Streitlust mit. Nein, keine Aggressivität, das ginge an der Sache vorbei. Es handelt sich wirklich um Streitlust. Kampfgeist. Ohne ihn könnte ich das nie durchstehen.

Völlig entmutigt. So langsam wächst meine Überzeugung, daß ich scheitern werde. Ich bräuchte ein Tief nach dem anderen, mit kräftigen Westwinden, aber nicht die Spur davon. Und Eddy sieht nicht das kleinste Tief aufziehen.

Anhaltende Kälte, der Winter ist nicht mehr weit. Da ich ständig in Hochdruckzonen bin, verfolgt mich der Nebel, geben meine Solarzellen nichts mehr her. Mein Telex ist endgültig ausgefallen.

Wohl um mich vollends zur Verzweiflung zu bringen, klart der Himmel heute abend auf, als die Sonne schon zu tief steht, um meine Kollektoren noch anregen zu können, und gibt mir den Blick auf einen fast schon vollen Mond frei.

22. Oktober. Der Wind legt sich, ich rudere bei Vollmond. Ich liebe seine Gesellschaft und ziehe dieses Gestirn, dem ich ins Anlitz schauen kann, der blendend hellen Sonne vor. In sehr klaren Nächten habe ich das Gefühl, schneller auf meiner Bahn dahinzuziehen.

27. Oktober. Ich habe die magische Linie überschritten: noch tausend Meilen bis zum Ziel. Leichter Südwestwind, ich ziehe frisch und munter auf dem 44. Breitengrad dahin und reiße Tag für Tag so einen kleinen Längengrad herunter. Zwölf Tage, ohne zu kentern, das ist doch schon was! Die Ankunft ist zur fixen Idee geworden, die mir nachts den Schlaf raubt. Ich gebe Christophe meine »Bandbreite« durch: Ankunft zwischen dem 21. November und dem 1. Dezember. Bis zum 21. sind es kaum mehr als drei Wochen!

28. Oktober.
Der Mond hat einen Hof um sich, ein schlechtes Zeichen...

29. Oktober. Eigenartig, wie sehr sich bei mir seit einiger Zeit die Fähigkeit, Ereignisse vorauszuahnen, entwickelt hat. Die Gabe des Zweiten Gesichts. Vielleicht rührt das daher, daß ich viel Zeit zum Nachdenken und Analysieren habe. Oder könnte es sein, daß mein Geist freier geworden

ist? Daß er, von den Zwängen des normalen Lebens befreit, sein Aktions- und Wahrnehmungsfeld erweitert hat?

Manchmal denke ich an einen alten Freund, von dem ich schon seit Jahren nichts mehr gehört habe, und bin dann gar nicht überrascht, von Christophe zu erfahren, daß er im Büro angerufen habe. Am erstaunlichsten ist, daß mir dieses Phänomen ganz und gar banal und normal erscheint.

Heute morgen jedenfalls rechne ich mit einer Begegnung. Ich fühle nicht nur intuitiv, daß ein Schiff meinen Kurs kreuzen muß, sondern weiß auch mit Bestimmtheit, daß dies eine ganz besondere Begegnung sein wird. Ich bin so sehr davon überzeugt, daß ich meinen Fotoapparat, die Videokamera und das UKW-Funkgerät in Reichweite habe und die französische Flagge an der Antenne flattert, als sich am Horizont die Silhouette eines Frachters abzeichnet!

Es ist ein russischer Frachter, die *Pskow* aus Wladiwostock, mit Kurs auf Vancouver. Gegen jede Wahrscheinlichkeit, aber ganz meiner Intuition entsprechend, stoppt er, während ich längsseits gehe.

»Was machen Sie hier?« fragt mich der Kapitän.

»Ich bin in die Vereinigten Staaten unterwegs.«

»Wir auch, kommen Sie hoch!«

Im sicheren Glauben, daß ich in Windeseile an Bord klettern werde, haben sie schon eine Strickleiter heruntergelassen. Bei meinem »Nein, danke« sind sie völlig baff, als ob ich von einem anderen Stern käme.

Die Russen schießen ein paar Fotos von mir. Als sie bald danach im Hafen von Vancouver einlaufen, wartet zu ihrer großen Überraschung bereits ein Empfangskomitee auf sie: Christophe, den ich rechtzeitig über Funk informieren konnte, hat seine Sache mal wieder gut gemacht. Das schnell nach Frankreich expedierte Foto von meinem kleinen Boot wird das Titelbild der Wochenzeitschrift *VSD*, die nur wenige Tage vor meiner eigenen Ankunft erscheint.

Noch ein freudiges Ereignis: Ich habe die letzte Zeitzone dieser Reise erreicht und meine Uhr auf die amerikanische Zeit umgestellt.

31. Oktober.
Neuerdings bin ich vom Pech verfolgt. Gestern habe ich noch den großen Treibanker verloren, weil seine Leine sich am Schäkel durchgescheuert hatte.

Das ist schlimm, sehr schlimm. Jetzt bin ich des wirksamsten Mittels, um den Südstürmen die Stirn zu bieten, beraubt und laufe Gefahr, unaufhaltsam nach Norden abgetrieben zu werden.

Wenn mir jetzt das Wetter nicht zu Hilfe kommt, habe ich nur noch geringe Aussichten, bei San Francisco den amerikanischen Kontinent zu erreichen. Weiter im Norden ist die Küste aber fürchterlich abweisend und das Meer zu dieser Jahreszeit oft außer Rand und Band.

Mein Appetit läßt immer mehr nach. Ich begnüge mich mit einer Mahlzeit pro Tag. Mein Widerwille gegen die gefriergetrocknete Nahrung wird um so ausgeprägter, je weniger ich mein Hirn davon abhalten kann, sich all die saftigen Steaks und knackig-grünen Salate vorzustellen, die immer näher rücken. Ich habe das Gefühl abgemagert zu sein, könnte das aber, weil ich so furchtbar viele Schichten von Bekleidung übereinander trage, nicht beschwören. Nach meiner Einschätzung habe ich zwischen sieben und acht Kilo verloren, wie auf dem Atlantik. Tatsächlich werden es aber ganze siebzehn Kilo sein! Am Himmel geht ein Regen von Sternschnuppen nieder, eine von ihnen erhellt die Nacht so grell wie ein Blitz.

145

1. November.

Immer noch dieser Südwind. Eine höllische Nacht. Das Heck krachte alle zwei oder drei Stunden mit einem Donnern wie bei einem Kanonenschuß aufs Wasser. Weltuntergangswetter, Regen, ein infernalischer Lärm...

Vom Sturm gebeutelt sitze ich in meinem Gefängnis und schreibe, bei Kerzenlicht, da ich keinen Strom mehr habe. Der Winter ist da, und ich würde am liebsten alles stecken. Aber der Gedanke an all die Menschen, die mich erfolgreich sehen möchten, hilft mir weiterzumachen.

3. November.

Mein Gnôle ist aus, der selbstgebrannte Schnaps, den mir mein Vater mitgab. Jetzt bleibt mir nichts anderes übrig, als den 70prozentigen Alkohol aus meiner Bordapotheke zu probieren. Ich hatte einen kleinen Muntermacher dringend nötig und goß ihn mir in den Kaffee; ein schreckliches Gebräu, offen gesagt, aber sei's drum.

Wenn der ein Alkoholiker ist, der viel Alkohol trinkt, dann bin ich sicher keiner. Trotzdem fange ich aber so langsam an, mir die Frage zu stellen. Denn der Wunsch nach einem guten Wein in einem richtigen Glas, nach einem Gin-Tonic, Scotch oder Martini... aber vor allem nach einem guten Wein nimmt unter meinen Sehnsüchten, ja Obsessionen, inzwischen den zweiten Platz ein, gleich hinter der Hoffnung auf eine baldige Ankunft. Wenn ich mich, als unbewußter Alkoholiker, mit einer Art Leichtfertigkeit in dieses Abenteuer gestürzt habe (es bleibt mir nur noch ein *Cubitainer* mit fünf Litern Wein, den ich aber nicht zu öffnen wage), dann hätte eigentlich die Zeit und diese zwangsweise Entziehungskur nicht ohne heilsame Wirkung bleiben dürfen. Aber das Gegenteil ist der Fall! Je länger es geht, desto mehr träume ich davon. Woraus ich schließe, daß ich unheilbar bin! Und dann beginne ich, mir mit einer teuflischen

146

Genauigkeit jedes kleine Glas in Erinnerung zu rufen, das ich mal da oder dort getrunken habe. Mein Alkoholiker-Gedächtnis erspart mir nichts, mir fällt alles wieder ein. Dieses 10- oder 12prozentige Bier im Hafen von Falmouth, das wir an Bord unseres Schiffes mit behelfsmäßigen Mitteln brauten; diese himmlische Flasche Bordeaux, die uns ein früherer Eigner der *Lady Maud* – ein englischer Millionär, den wir zufällig in einem Hafen unterwegs trafen – geschenkt hatte und die wir im Dezember 1972 in Bénodet tranken; dieser Burgunder, den wir 1981 in Beaune probierten und der so gut war, daß wir uns am liebsten darin ertränkt hätten; und auch dieser Whisky-Soda, der vor zwanzig Jahren in der Bucht von Bantry an Deck der *Lady Maud* serviert wurde, und natürlich dieses dunkle Bier, das wir auf der Terrasse eines Bistros am Place de l'École Militaire genossen... Mir ist alles wieder gegenwärtig, die Form des Glases, ob es vielleicht beschlagen war, die Temperatur des Getränks, seine Farbe, seine Glanzlichter, die Stimmung damals und natürlich der Geschmack. Mein Gedächtnis versetzt mich sogar in die Zeit meiner allerersten Entdeckungen zurück, die ich als kleiner Junge im großen Salon in Kérantré machte, wo ich insgeheim kleine Gläser mit Cointreau oder Bénédictine schlürfte, insgeheim, aber unter den vorwurfsvollen Blicken meiner Ahnen, die streng von den alten Bildern auf mich herabsahen. Vor allem der General schien wenig einverstanden. Als ich eines Tages dem hausgemachten Johannisbeerlikör, dem Stolz meiner Großmutter, ein bißchen zu sehr zugesprochen hatte und deshalb in einem der Sessel ein wenig eingeschlummert war, hörte ich ihn hinter mir brummeln: »Du Taugenichts, du endest noch mal als Alkoholiker.«

4. November.
Der Wind ist umgesprungen, hochgehende See.

Beim Gespräch mit Christophe heute morgen fällt mir auf, wie phasenverschoben unsre beiden Leben nun ablaufen. Es geht um Flugzeugplätze, die er jetzt dringend buchen muß, damit alle bei meiner Ankunft, die mir selbst noch so fern scheint, dabei sein können. Christophes Zeit gehorcht dem hektischen Rhythmus von Paris, meine Zeit aber folgt dem Gesetz der Langsamkeit und Ausdauer. Um seine Vorbereitungen treffen zu können, fragt er mich, wo und wann ich landen werde. Ich reagiere gereizt und vergesse dabei ganz, daß sich dreißig oder vierzig Flugtickets ja nicht von heute auf morgen besorgen lassen. Aber was soll ich ihm sagen? Ich weiß nur, daß San Francisco als Ankunftsort wohl ausscheidet und daß der letzte Teil der Strecke recht schwierig werden dürfte.

Ich hatte mich bisher darauf versteift, meinen Kurs auf Kalifornien beizubehalten, weil ich mir das nun mal zum Ziel erkoren hatte. Worum es bei der Reise wirklich geht, ist aber doch, Nordamerika zu erreichen. Bis Vancouver Island sind es noch 500 Seemeilen und 800 bis nach San Francisco. Es wäre lächerlich, an einem zweitrangigen Ziel krampfhaft festzuhalten, das, vor allem durch den Verlust des großen Treibankers, zunehmend unerreichbar wird. Mein Problem ist, daß ich mich einer Steilküste nähere, die zu den gefährlichsten der Welt gehört. Sie weist nur wenige Häfen auf, die zudem meist durch Sandbänke abgeschirmt werden, die bei schwerem Wetter unpassierbar sind. Die entscheidende Aufgabe dürfte also eher sein, die *Sector* – und mich – sicher an Land zu bringen, und nicht, eine schöne Empfangszeremonie zu organisieren.

Die Nächte sind jetzt vierzehn Stunden lang. Trotzdem schlafe ich immer weniger, weil mich der Gedanke an meine Ankunft quält.

7. November. Alles und jedes dient mir als Vorwand für kleine Berechnungen und Kalküle, die sich auf meine Ankunft beziehen. Ich habe noch siebzehn Zigaretten, von denen ich täglich eine rauche, hoffend, daß sie bis zum Schluß reichen werden; ich hole eine Ersatzkartusche für meinen Gaskocher und sage mir dabei, daß ich nun vielleicht noch zwei oder drei davon brauchen werde, nicht mehr. Aber ich versuche, nicht auch noch dazu überzugehen, meine Ruderschläge zu zählen, denn das würde dann wirklich eine Tortur.

Erinnerungen, Erinnerungen... Als ein Freund von mir im September 1980 mit dem Zug nach Brest fuhr, um beim glücklichen Abschluß meines Atlantikabenteuers dabei zu sein, sagte er zu einem Journalisten, der auf dem Platz neben ihm saß:

»Seine Hände sind anscheinend doppelt so groß geworden, das habe ich vorhin im Radio gehört.«

Prompt verbreitete die Presse am nächsten Tag diese sensationelle Nachricht: »Seine Hände sind doppelt so groß geworden.«

Natürlich hat sich dann alle Welt sofort nach meiner Landung auf mich gestürzt, um meine Pranken in Augenschein zu nehmen, und jeder gab seinen Kommentar dazu. Der folgende hat mir noch lange zu lachen gegeben:

»Die müssen aber bei der Abfahrt wirklich sehr klein gewesen sein...«

Wer genau hinsieht, wird schnell feststellen, daß meine Hände wie die anderer Menschen auch sind. Aber noch zehn Jahre später finden sich immer wieder Leute, die mir erzählen:

»Ich erinnere mich noch genau, wie Ihre Hände aussahen, Sie Ärmster. Als Sie damals in Brest ankamen, da waren sie doppelt so groß wie vorher!«

In Choshi hatte eine amerikanische Journalistin unbedingt meine Hände fotografieren wollen. Sie hätte besser meinen Hintern aufgenommen! Denn das ist der Teil meiner Anatomie, der am meisten beansprucht wird.

Was meine Hände angeht, die haben die Sache gut überstanden. Nicht allzu viele Blasen und sehr wenig Schwielen. Kurz gesagt: Wenn der Mensch altert, bekommt er einen schlaffen Hintern und harte Hände.

9. November.

Vergangene Nacht brachten mich zwei Kenterungen auf den harten Boden der Wirklichkeit zurück. Das war jetzt drei Wochen her...

Die erste war – als ob sie mich sacht an derlei neu gewöhnen wollte – weniger bösartig als alle vorhergehenden. Kompletter Überschlag in einer Sekunde, das Gefühl, nur geträumt zu haben. Ich schlief wie ein Murmeltier und mußte erst die Flugbahnen diverser vagabundierender Objekte rekonstruieren, bevor ich glauben konnte, daß ich wirklich gekentert war! Ein Schatz von einer Kenterung, könnte man sagen... Wenn es aber zwei Stunden früher, als ich noch bei Starkwind und ohne Sicherheitsgurt im Cockpit meine Ruder verstaute, dazu gekommen wäre, wäre mir das sofort wieder aufgerichtete Boot unter der Nase davongefahren!

Zweite Kenterung, am Ende der Nacht. Meinen Trimmbemühungen zum Trotz ist das umgedrehte Boot backbords so schwer, daß ich den ganzen Ballast auf die dem Wind und den Wogen zugewandte Seite pumpen muß, um die *Sector* aufzurichten. Zwanzig Minuten auf Messers Schneide. Es fiel mir verdammt schwer, zu reagieren, mir mit der Stirnlampe zu leuchten. Die Müdigkeit läßt meine Bewegungen langsam werden.

11. November.
Vier Monate!
Sehr anstrengende Nacht.
Erste Kenterung gestern abend gegen 20 Uhr, blieb zehn bis fünfzehn Minuten umgedreht; ich hatte gerade gepißt und wollte meinen »Topf« (einen Lyophal-Sack) durch das offene Bullauge ausleeren. Die Folgen kann man sich ja leicht ausmalen.
Kalt, sehr kalt.

Heute abend pulle ich bei strahlend hellem Mondschein. Der Gedanke, daß dieser Mond mir bis zum Schluß Gesellschaft leisten wird, ist ein großer Trost für mich. Sehr starke Dünung aus Westen, acht Meter, aber nicht unangenehm, weil sich die Wellen nicht mehr brechen. Ich bin jedoch sehr nervös und reizbar und schlafe praktisch nicht mehr.

Funkdialog mit einem Journalisten, der mich fragt:
»Wie weit sind Sie noch von der Küste entfernt?«
»Über 400 Seemeilen (fast 800 Kilometer).«
»Ach ja, sehen Sie die Küste?«
Kein Kommentar.

12. November. Ich habe Christophe informiert, daß ich auf den Columbia River zuhalte und wahrscheinlich zwischen dem 21. und 23. November ankomme.
Schrecklich, nun eine nach Ort und Zeit definierte Ankunft zu haben – mit dem Wetter als der großen Unbekannten in dieser Gleichung. Auf der Zielgeraden. Schrecklich der Gedanke, daß bis zum Ziel noch alles mögliche passieren kann, vor allem, wenn ich bei Sturmböen lande.
Immer wachsam, aber abgekämpft, merke ich nicht, daß ich ausgehöhlt, geschrumpft und zusammengesackt bin wie ein alter Mann. Zeit, daß diese Prüfung ein Ende nimmt.

151

11.
Der »himmlische Clochard«

14. November. Eddy gibt mir eine Sturmwarnung durch: Es bauen sich gerade zwei mächtige Tiefs auf, die in den nächsten Tagen mein Wetter bestimmen werden. In Küstennähe, wo der Meeresboden jäh ansteigt, muß ich mit einer unmöglichen See rechnen. Bei einer schlecht getimten Landung wäre eine Katastrophe unausweichlich; ich muß also meine weitere Fahrt genau planen, um im richtigen Moment anzukommen.

16. November. Bei Anbruch der Nacht geht das Barometer von jetzt auf nachher in den Keller. Eine Art Tornado, mit Windgeschwindigkeiten von 100 Stundenkilometern, schwere Kreuzseen.

Der Sturm macht sich aber ebenso schnell wieder davon, wie er gekommen ist. Am 17. ruft mich Christophe über Funktelefon an; er ist in einem Hotel in Astoria, Oregon, dem ersten großen Hafen am Columbia River. Ich bitte ihn, ein Schiff und eine sturmerprobte Mannschaft zu organisieren, die mir entgegenfahren und mich notfalls bergen soll. Ich will mich nicht darauf verlassen müssen, von amerikanischen Rettern auf hoher See eingesammelt zu werden, wenn das Wetter für einen Landeversuch zu schlecht ist, und möchte, daß wir unsere eigene, absolut zuverlässige Organisation haben.

Am Ende unseres Gesprächs entschlüpft mir der eigenartige Satz: »Seid bitte so gut und beschützt mich bei der Ankunft.« Trotz meiner Ungeduld, endlich ans Ziel zu gelangen, fürchte ich die Konfrontation mit diesen vielen Leuten, ängstigt mich der Gedanke an all das, was sie sagen werden. Habe ich mich etwa doch an diese verfluchte Einsamkeit gewöhnt?

18. November.

Wie schwer mir das Ende der Reise gemacht wird. Es regnet, ein eisiger Regen, geschmolzener Schnee.

John Oaks, der Kapitän der *Miss Mary*, kann es nicht fassen. Diese Franzosen spinnen! An so einem Tag auszulaufen, wenn die Meteo einen ausgewachsenen Orkan mit Windgeschwindigkeiten von bis zu 70 Knoten (130 Stundenkilometern) und Wellenhöhen von 10 Metern und mehr ankündigt! Und dann kommen sie daher und wollen sein Schiff, um einem ihrer Landsleute entgegenzufahren, der an Bord eines Ruderbootes von Japan herüberzuckelt.

Kein Wunder, daß sie niemanden gefunden haben, der sie da rausfährt.

John ist alles, bloß keine Bangbüx; er hat schon so manche Fangfahrt in die Fischgründe vor Alaska mitgemacht – wahrlich keine Kaffeetouren für Freizeitkapitäne und Süßwassermatrosen. Aber er weiß auch nur zu gut, wie es um die Fahrwasser an der Mündung des Columbia River bestellt ist: mit Abertausenden von Riffen gespickt und ein unbeschreibliches Meer bei schlechtem Wetter, zweitausend amtlich registrierte Schiffsuntergänge.

Aber andererseits gibt es ja diesen Kerl da, von dem alle Welt hier seit Tagen spricht, den mit dem Boot von 8 Metern Länge und 30 Zentimetern Freibord, der seit mehr als vier Monaten auf hoher See ist.

John hat seine Entscheidung getroffen:

»Okay.«

19. November. Noch nie war das Meer so schwierig, so stürmisch wie jetzt. Die Nähe der Küste, die Meeresströmungen und vor allem dieser orkanartige Wind haben eine mon-

ströse Kabbelsee aufgebaut, die sich genau im rechten Winkel mit der langen Dünung des Pazifiks kreuzt. Ich habe schon hohlere Seen gesehen; aber das ist ein ganz neues Erlebnis für mich, eine See wie ein Mahlwerk, wie eine Dampfwalze, eine mörderische See. Lauter Lawinen, kompakte Massen, die hart aufeinander prallen.

Gestern hat mir Christophe von einem Schiff erzählt, das auszulaufen versuchen würde: die *Miss Mary*. Ich glaube nicht so recht daran. Mich bei diesem Wetter zu finden, würde jedenfalls an ein Wunder grenzen. Aber an Bord der *Miss Mary* ist auch Olivier de Kersauzon; ich weiß, daß er das Unmögliche versuchen wird. Bei seiner Suchaktion muß Olivier mit Christophe, der an Land bleiben wird, Funkkontakt halten, und diese Verbindung kann nur über die KMI-Station laufen. Daher grase ich alle Stunden die Frequenzen ab, aber meine Batterien sind fast am Ende. Schon seit Tagen ist der Himmel so düster, daß meine Sonnenkollektoren sie nicht mehr aufladen können. Noch ein oder zwei Versuche, und ich habe nicht mal mehr Strom genug.

John steht am Ruder der *Miss Mary*, ganz Konzentration. Der Fischkutter schlingert wild in der See, mit beeindruckenden Krängungswinkeln von 30°, 35°.

Manchmal hebt sich das ganze Heck aus dem Wasser. Dann dreht die Schraube durch, erzittert das Schiff und bäumt sich auf und fällt dann schwer ins Wasser zurück. Die nächste Woge überflutet das Deck, Gischtfahnen klatschen gegen die Kommandobrücke.

Ein paar Kameraleute einer Fernsehstation winden sich in Krämpfen und verfluchen die Ungerechtigkeit des Himmels, der sie diese Sturmfahrt verdanken. Wenn wenigstens die geringste Chance für ein paar Bilder bestünde, aber bei diesem Sauwetter. Außerdem ist es jetzt, um 9 Uhr morgens, noch stockdunkel.

Olivier sitzt am Funkgerät, gibt nicht auf. Wieder ruft er KMI; vielleicht hat ja Christophe etwas von mir gehört?

»KMI, KMI, hier *Miss Mary*, bitte melden…«

»Olivier, hier *Sector*, hier Gérard, ich höre dich!«

Auf der Kommandobrücke der *Miss Mary* schlägt meine Message wie ein Blitz ein. Ich gebe meine letzte Position durch. John schätzt meine Abdrift, ändert seinen Kurs. In zehn Minuten werden sie in meinem Gebiet sein.

Ich habe ihn kaum kommen hören, so sehr wurde sein Brüllen durch das Toben ringsum überdeckt. Der Brecher erwischt mich von der Seite, und schon liegt die *Sector* wieder auf dem Rücken.

Mit der Antenne im Wasser ist das Funkgerät natürlich nicht zu gebrauchen. Ich will eben den Steuerbordtank vollpumpen, um das Boot aufzurichten, als mein Blick auf mein kleines tragbares UKW-Funkgerät fällt, das für die Schiff-zu-Schiff-Kommunikation im Nahbereich dient.

»Olivier, Olivier, kannst du mich hören?«

Nichts. Ich müßte im Freien sein, damit die Antenne abstrahlen könnte…

An der Bootsunterseite – und jetzt nach der Totalkenterung außerhalb des Wassers liegend – ist eine Bronzetafel angebracht, die meinem großen Funkgerät als »Masse« dient und mit ihm durch eine geflochtene Kupferlitze verbunden ist. Auf gut Glück versuche ich einen Funkspruch abzusetzen, wobei ich die Antenne des UKW-Senders an diese blanke Litze drücke:

»Olivier, *Miss Mary*?«

»Ja, Gérard, ich höre dich, sprich weiter, dann orte ich dich über deinen Sender, und wir finden dich!«

Eine surrealistische Situation! Ich beschließe, die *Sector* umgedreht zu lassen, denn so hat sie weniger Abdrift.

156

»Gérard, Gérard, ich kann dich sehen, wir sind 50 Meter von dir entfernt!«

Und ich, der ich in diesem gekenterten Boot, das Zehn-Meter-Sprünge macht, eingeschlossen bin, werde diesem Ozean trotzen, der diesmal den kürzeren ziehen wird. Da bin ich mir aber ganz sicher.

»Achtung, Olivier! Macht eure Kameras bereit, damit ihr das Schauspiel nicht verpaßt. Ich richte das Boot jetzt auf, genau vor euch!«

Nun kommen die schon so oft ausgeführten Handgriffe, und prompt landet meine *Sector*, folgsam wie bei einer Übung, wieder auf ihrem »Kiel«. Was für eine gelungene Vorführung, ich bin ganz aus dem Häuschen!

Ich nehme meine UKW-Funke wieder auf, um die *Miss Mary* zu rufen und die Glückwünsche entgegenzunehmen, die ich junger Schwachkopf, der offensichtlich überhaupt nichts dazulernt, verdient zu haben meine.

Aber der Pazifik mag solche Angeber nicht. Mein einsamer Kampf hat ihm gefallen, aber daß ich nun vor aller Augen so triumphiere, das enttäuscht ihn. Die Strafe folgt auf dem Fuß, gnadenlos. Er erwischt mich kalt. Von einer Grundsee erfaßt, wird die *Sector* mit 20 Knoten nach vorn geschleudert, über Kopf gewirbelt, platt wie eine Flunder aufs Wasser geknallt, sofort wieder aufgerichtet, erneut umgedreht, wieder aufgerichtet.

Ich krache gegen das Cockpitschott, schlage mir die Schnauze blutig, den Rücken kaputt und einen Finger entzwei. Nur die Schmerzen halten mich bei Bewußtsein.

Meine *Sector*, die ich nach allem, was hinter ihr lag, wohl für unverwüstlich gehalten hatte, ist nicht gerade in der besten Verfassung. Innen am Kabinendach klafft ein fünfzig Zentimeter langer Riß. Und damit die Lektion vollständig sei und ich, für den Fall, daß ich nichts aus meinem Unglück gelernt hätte, auch nicht den geringsten Vorteil daraus zöge, haben die auf der *Miss Mary* absolut nichts davon gesehen, nichts außer einer riesigen weißen Wassermasse, die mich erfaßt, mitgerissen und ein paar hundert Meter weiter weg wieder ausgespuckt hat.

Was die Passagiere der *Miss Mary* dann eine Stunde später zu Gesicht bekommen, ist ein alter Mann. Und er, den Kersauzon den »himmlischen Clochard« nennen wird, sieht sie lange mit irrem Blick an, ohne ein Wort zu sagen, und weint.

19 Uhr. Der Sturm hat sich gelegt. Bei immer noch starkem Seegang sitze ich wieder an den Riemen. Die *Miss Mary* hat sich verabschiedet. Die dantesken Bilder von heute morgen sind schon auf dem Weg zu den Fernsehstationen der ganzen Welt. In ein paar Stunden wird meine Überquerung nicht mehr mir allein gehören.

Am 20., um 18 Uhr.

Die *Miss Mary* ist zurückgekehrt, folgt mir in einiger Entfernung. Aufregung an Bord, Kersauzon streckt den Arm aus und will mir etwas zeigen, hinter meinem Rücken...

Ich weiß, Olivier, ich weiß, aber laß mir doch noch ein paar Stunden Zeit, ein paar Minuten wenigstens, ich muß mich in meinem Kopf darauf vorbereiten.

Ich zähle bis hundert, hundert unvorstellbar sanfte, wollüstige Ruderschläge, genau im Rhythmus der Wogen... 99... 100!

Ich drehe mich um, steige auf meinen Sitz. Da ist das Land, eine bergige Küste, wunderbar und schon hoch überm Horizont.

Die Tür meines Gefängnisses hat sich einen Spalt weit geöffnet.

Von der *Miss Mary* schickt man mir eine Flasche Bordeaux und ein Weinglas herüber... Ich bin außer mir!

Das Wetter ist nicht schlecht, aber es herrscht eine starke Dünung. Olivier zeichnet mir ein wenig ermutigendes Bild der Einfahrt in den Columbia River. Die Fluten dieses Stromes, der zu den mächtigsten Flüssen Nordamerikas gehört, liefern sich hier mit der Dünung des Pazifiks einen furchtbaren Kampf. Sandbänke säumen die Einfahrten, denen eine Barre vorgelagert ist, die bei Sturm ein unüberwindliches Hindernis darstellt und selbst bei gutem Wetter nur durch einen engen Kanal passierbar ist.

Starke Gezeitenströme erzeugen hier einen gewaltigen Seegang. Außerdem steht mir die Kraft des Columbia entgegen, so daß ich in dessen Mündung nur sehr, sehr wenig Fahrt machen werde, und das auch nur während der paar Stunden, da die auflaufende Flut die Strömung des Flusses zum Kentern bringt. Die Wetterfrösche garantieren uns zwölf Stunden schönes Wetter, ein Geschenk des Himmels, das man natürlich nicht zurückweist.

Meine Entscheidung, die Entscheidung eines Seemanns, ist schnell getroffen. Ich fahre aus eigener Kraft bis zur Barre und lasse mich dann aber von der *Miss Mary* durch die Gefahrenzone schleppen.

Das Prinzip, das ich mir für meine Reise aufgestellt habe, lautet: den Nordpazifik mit den Rudern und ohne jede Hilfe von außen zu überqueren. Ich könnte, um meinen Ruhm zu mehren, jetzt aufs Ganze gehen und versuchen, aus eigener Kraft zu landen, bevor das Wetter umschlägt. Aber das wäre ein sehr gefährliches Wagnis für mich und auch für die amerikanische Küstenwache, die mir eventuell zu Hilfe eilen müßte, weil ich mich jetzt in ihrem Sektor befinde. Ich sagte es schon und glaube auch, es bewiesen zu haben: Ich gehe sehr wohl meine Risiken ein, habe aber nicht vor, auch andere da hineinzuziehen.

Es ist geschafft.

Und so nehme ich mir zum allerletzten Mal mein Logbuch vor, diesen stummen Gefährten, der mir seit jenem frühen Morgen in Choshi zugehört und sich schon seit langem an meine Wortkargheit gewöhnt hat.

21. November, 02.15 Uhr, übernehme Schlepptau von der Miss Mary, um in den Columbia River einzulaufen.

Ich weiß, daß ein paar Leute an Bord des Schiffes, das sich ständig in meiner Nähe hält, nur auf das Morgenlicht warten, um das Foto des Tages schießen zu können: Die *Sector* im Schlepp. Aber was soll's, auf dem Meer herrschen eben andere Gesetze als im Zirkus.

Ein Journalist wird schreiben, ich hätte den Pazifik nicht überquert... Na ja, vielleicht hat er recht.

Am Morgen bricht das Schlepptau. Das Meer ist ziemlich ruhig, trotz einer Restdünung. Ich habe wieder meine Riemen eingelegt.

Olivier prescht mit einem Schlauchboot zur *Sector* herüber und drängt, daß ich mich wieder ans Schlepptau nehmen lasse: Die Tidenströmung wird bald kentern. Er zeigt mir die gewaltige Brandung backbords; was das mit ein bißchen Wind geben könnte, kann man sich leicht vorstellen. Die Wettervorhersage ist wenig ermutigend; in diesen Gewässern in die Klemme zu kommen, wäre gleichbedeutend mit einer Katastrophe.

Viele Schiffe sind zu uns herausgefahren.

Großes Gestikulieren, ich soll mich an mein Funkgerät setzen. Von einem Hubschrauber, der über mich hinwegfliegt, die Stimme meines Vaters... Dann ist Guillaume dran, dem die Rührung die Kehle zuschnürt.

12.
Eine Sekunde noch ...

Die Sonne, die für mich zu existieren aufgehört hatte, taucht
wieder auf. Ein Vogel fliegt vorüber, ein komischer Vogel
mit lächerlich kurzen Flügeln, ein Landvogel. Steuerbord
schwimmt ein kleines Blatt auf dem Wasser; ich achte sorg-
sam darauf, daß ich es nicht mit dem Ruderblatt treffe. Ein
Schmetterling plant einen Moment lang, auf der *Sector* zu
landen, und überlegt es sich dann anders. Apropos *Sector*,
ich wußte doch, daß irgend etwas nicht stimmte: Mein Boot
ist leicht geworden, so leicht!

Aber nein, das ist ganz normal. Ich träume ja, und da muß
mir natürlich irgend etwas seltsam vorkommen.

Ach, ich hatte nicht gemerkt, wie die Ufer zusammen-
rückten; auf den steilen Böschungen stehen Oregonzedern,
ein bißchen wie am Auray-Fluß in der Nähe von Kérantré.
Und dann, wie in jedem Traum, tauchen Personen auf, die
man überhaupt nicht erwartet hätte. Sie sind auf Schiffen
gekommen, um sich für wirklich auszugeben. Das war gerade Bernard, und das jetzt, das ist Professor Boissonas und
Doktor Chauve. Schau, eine meiner Schwestern und da drüben, ist das nicht François, der sich mit Louis-Noël unter-
hält? Da sind noch so viele andere, alle mit freundlichen
Gesichtern; die dort haben ein Plakat mit der Aufschrift
»Welcome to Ilwaco«, was für ein komischer Name. Sie sehen sehr zufrieden aus. Oder eher nicht· Sie betrachten
etwas, so als ob sie irgend etwas begreifen wollten.

Seltsam, dieser Traum mit all diesen Leuten und all diesen
Farben. Ich muß genau hinschauen und wenn ich aufwache –
hoffentlich vergesse ich nichts – alles dann in meinem Log-

buch festhalten; das gibt einen Schatz von Erinnerungen, in denen ich morgen früh schwelgen werde, wenn ich an den Riemen sitze, wieder allein, und mein Kopf sich nach Bildern sehnt...

Es ist, als ob ich in einen toten Flußarm käme. Das Wasser liegt so ruhig, ich muß ganz tief schlafen und die Wirklichkeit weit, sehr weit hinter mir gelassen haben, so etwas ist mir schon lange nicht mehr passiert. Wieviel Zeit mir noch bleibt, bis mich der harte Ruck des Treibankers aufweckt, bis eine etwas höhere Woge den Bann bricht? Oder hat der Pazifik mir etwa einen Waffenstillstand gewährt, sich meiner erbarmt?

Wäre dieser Traum wirklich vollkommen – aber ist das nicht zuviel verlangt? –, dann würden Cornélia, Guillaume und Ann da unten auf mich warten, dort am Ende dieses Pontons stehen.

Ich würde ganz sacht anlegen, geräuschlos und ohne ein Wort zu sagen. Ich würde mein schmieriges Ölzeug ausziehen und meine stinkenden Stiefel; ich würde meine Ruder sorgfältig verstauen und versuchen, Zeit zu gewinnen, würde vor allem keine abrupten Bewegungen machen, um mich nicht selbst aufzuwecken, um diesen Traum, in dem es mir so gut geht, noch etwas länger andauern zu lassen, eine Sekunde noch. Eine Ewigkeit.

Mein Dank

Ich danke all meinen Partnern und Freunden, die dieses Abenteuer durch ihre Unterstützung ermöglicht haben:

Sector Sportuhren, Artime SA
Transpac – Accastillage Diffusion – Air France
Air France Cargo – P.L.B. – Capitaine Cook
Eurest – Go Sport – P.N.B.

und ebenso:

Audiophase – All Nippon Airways – Jean Berret
B.N.P. Issy-les-Moulineaux – Cabinet de Clarens
Le Cercle de la Mer – Chantier naval Le Borgne
Chantier B. & B. – Cie Hydro Technique – C.R.M.
Damart – Dif Tours – Élite Marine
Fédération française des industries nautiques – F.F.S.A.
France Info – Garage Arcillon – Garbolino – Hertz – Hesnault
International Airfreight Services Co. – J.C.D. – Ken Club
Lestra Sport – Lyophal – Mat Equipemant – Mecanorem
Nautix – Neste – O.I.P. – Plastimo
Port de plaisance La Trinité-sur-Mer – Ramtonic
Regma Systèmes – Sail France – Semari – Société Ono
Sofomarin – Sony – T.B.S. – 3 M – Transparence Production
U.S. Coast Guards – Veillet International
Ville d'Issy-les-Moulineaux

Französische Botschaft in Tokio
Französisches Konsulat in New York
Französisches Konsulat in San Francisco
Tokyo Power Squadron – Astoria Maritime Museum

Laurent de Bartillat – Charlie Cronheim
Commandant Blanvillain – Eddy Zimansky und sein YL
George de Marrez – Docteur Chauve – Olivier de Kersauzon
John Oakes – Bruno de La Barre

Christophe – Louis-Noël – Claude Arnoult
Jean-Claude Dufour – Le Scooter de Thomas
Benoît et Philippe – Béatrice – Pierre Yvan
Didier und François – Moze – M. und Mme Takassé – Yagi
Mitsuru – Charles und Thibault – Laurence und François
Raymond – Philippe – Renaud – Sophie – Arnaud – Vincent
der großartigen Nathalie und vielen anderen . . .

. . . und Cornélia für ihre Geduld . . .

Abenteuer

SERIE PIPER ABENTEUER

Rüdiger Nehberg
ABENTEUER AM BLAUEN NIL

1796

SERIE PIPER ABENTEUER

Michael Asher
ZU ZWEIT GEGEN DIE SAHARA

1710

SERIE PIPER ABENTEUER

Gernot Spielvogel-Herrmann
2000 MEILEN FREIHEIT
Im Kajak durch Alaska

1697

SERIE PIPER ABENTEUER

Bettina Selby
TIMBUKTU !
Eine Frau in Schwarzafrika
allein mit dem Fahrrad unterwegs

1724

SERIE PIPER ABENTEUER

Gérard d'Aboville
ALLEIN IM RUDERBOOT ÜBER DEN PAZIFIK

1905

SERIE PIPER ABENTEUER

Rüdiger Nehberg
ÜBER DEN ATLANTIK UND DURCH DEN DSCHUNGEL
Eine Rettungsaktion für
die Yanomami

1965

Hier wird Lesen zum Erlebnis

1257

1274

1407

1383

1435

1340

Abenteuer

1247

1327

1362

Verletzt hängt der junge Bergsteiger Joe Simpson am Seil, gehalten von seinem Freund Simon Yates, doch der spürt, daß er allmählich von dem fremden Gewicht heruntergezogen wird. Um sein eigenes Leben zu retten, zerschneidet Yates das Seil . . . »Ein Abenteuerbuch, das einem das Blut in den Adern stokken läßt.« *Sunday Express*

Welches an Selbstmord gemahnende Wagnis, in einem serienmäßigen Faltboot das gefürchtete, legendäre Kap Hoorn umrunden zu wollen! Arved Fuchs erzählt hier aber nicht nur von dem fast unglaublichen Erfolg seines Unternehmens, sondern auch vom düsteren Schicksal der feuerländischen Indianer.

Reinhold Messner, einer der letzten großen Abenteurer unserer Zeit, erzählt hier erstmals sein Leben. Seine spektakulärsten Gipfelsiege, aber auch seine erschütterndsten Niederlagen bis zum vergeblichen Sturm auf die Lhotse-Südwand 1989 sind in diesem pakkenden Buch versammelt.

SP 1523

Als Sechzehnjährigem fällt Kpomassie, in einer traditionellen
afrikanischen Großfamilie aufgewachsen, ein Buch über
die Eskimos in die Hände. Von nun an hat er den Traum,
»sein« Volk zu finden, einen Traum, zu dessen Verwirklichung
er acht Jahre braucht. In Grönland erlebt er eine
ihm völlig fremde Welt und findet doch immer wieder
Übereinstimmungen mit seiner eigenen Kultur.
Mit verschmitztem Witz schildert Kpomassie das Leben in
der weißen Wüste und legt damit auf einzigartige Weise
Zeugnis davon ab, wie ein Fremder die Fremde sieht.

PIPER